国家中等职业教育改革发展示范学校规划教材·会计专业

会计分岗实训—记账

主　编　尹　静

副主编　姬玉倩　陈　燕

中国财富出版社

图书在版编目（CIP）数据

会计分岗实训. 记账/尹静主编. —北京：中国财富出版社，2015.3
（国家中等职业教育改革发展示范学校规划教材. 会计专业）
ISBN 978 - 7 - 5047 - 5704 - 3

Ⅰ.①会⋯　Ⅱ.①尹⋯　Ⅲ.①会计实务—中等专业学校—教材　Ⅳ.①F23

中国版本图书馆 CIP 数据核字（2015）第 097010 号

策划编辑　葛晓雯	**责任编辑**　葛晓雯		
责任印制　方朋远	**责任校对**　梁　凡		**责任发行**　斯　琴

出版发行　中国财富出版社

社　　址	北京市丰台区南四环西路 188 号 5 区 20 楼	**邮政编码**	100070
电　　话	010 - 52227568（发行部）	010 - 52227588 转 307（总编室）	
	010 - 68589540（读者服务部）	010 - 52227588 转 305（质检部）	
网　　址	http://www.cfpress.com.cn		
经　　销	新华书店		
印　　刷	北京京都六环印刷厂		
书　　号	ISBN 978 - 7 - 5047 - 5704 - 3/F · 2386		
开　　本	787mm×1092mm　1/16	**版　　次**	2015 年 3 月第 1 版
印　　张	10.75	**印　　次**	2015 年 3 月第 1 次印刷
字　　数	183 千字	**定　　价**	21.00 元（含活页手册）

国家中等职业教育改革发展示范学校
规划教材编审委员会

前　言

　　《会计分岗实训——记账》是适应财会类专业培养目标，充分考虑学生基础和特点的会计核算知识体系，与《会计分岗实训——出纳》、《会计分岗实训——制单》和《会计分岗实训——主管》共同构成了一个系统；并以岗位为依托，详细地介绍了每个岗位的会计人员应该具备的知识和技能，旨在进一步提高教学质量。通过本教材的学习，能够模仿真实的记账岗位操作，使学生了解记账的岗位职能，加强对各类明细账簿的熟悉和运用，培养学生建账、登账、结账的能力，为后续专业课的学习和毕业后上岗奠定基础。

　　本教材以财政部最新颁布的《企业会计准则》和《会计基础工作规范》为依据。项目一到项目四主要介绍了各类明细账簿的登记方法，要求学生能够根据不同的账户选择不同格式的账页来进行登记；明细账综合模拟案例（活页手册）则选取了某企业 12 月的部分经济业务为技能训练资料，要求学生根据给出的期初资料、经济业务的原始凭证和审核无误的记账凭证选择并登记相应的明细账簿。

　　本教材作为会计实践教学用书，在教学组织上可与《会计分岗实训——主管》配套使用。在学习模式上，学生可以通过"分组"、"角色扮演"、"角色互换"、"课堂讨论"等方式进行实际操作，这样既能够调动学生的竞争意识，又可以激发学生的学习兴趣，同时也能够培养学生的协作精神。

　　本教材由尹静任主编，姬玉倩、陈燕任副主编，编写人员及具体分工如下：项目一由尹静、吕玉杰、田高峰（用友新道科技发展有限公司）编写；项目二由何素花、李小香、敦菲（河北众诚假日酒店科技发展有限公司）编写；项目三由孙艳、邱蕾、孙茹（用友新道有限公司河北分公司）编写；项目四由尹静、刘海娜、高珍编写；明细账综合模拟案例（活页手册）由陈燕、姬玉倩编写；最后由尹静对全书进行统稿。感谢用友新道科技发展有限公司对本书的悉心指导。

　　本教材可供中职学校的会计专业及财经类相关专业实训教学使用，也可作为在职会计人员或非会计人员的自学用书。

　　由于编者水平有限，教材中不妥之处在所难免，希望广大读者及同行在关注此书的同时提供宝贵意见，以促进我们不断努力，以弥补瑕疵。

编　者

2014 年 12 月

目　录

项目一　记账岗位认知

 知识与技能目标

1. 了解记账岗位的工作内容；
2. 掌握明细账簿的基本种类和格式；
3. 掌握会计账簿中数字的书写规范。

 过程与方法

通过观察会计核算的工作流程，分析、总结记账岗位在会计工作中所处的位置；通过观察给出的例子，从中掌握各类明细账簿的内容和格式。

 情感态度与价值观

严肃认真、一丝不苟的工作态度要贯穿于会计工作的始终；要培养自己耐心、细致、踏实的处事作风；克服急于求成、浮躁的心态，这是成为职业会计人员的基础准备。

 会计人员快乐工作法

要经常保持微笑，因为微笑是美好一天的开始。作为一名会计人员请用发自内心的微笑和同事们打招呼，你将会得到相同的回报。在日常工作中学会和各种人愉快相处，并使他们快乐，回忆那些使你快乐的事，原谅那些令你不快乐的人。

任务一　记账岗位的工作职责

 **任务导入**

小王到公司财务科实习已经有一段时间了，对于公司的出纳岗位和制单岗位有了一定的了解和认识，从今天开始小王实习的岗位是记账会计岗位。以前只是听说过记

账岗位工作需要很细心，但是具体的工作职责他还不太清楚。带小王的老会计给他介绍了公司会计核算的工作流程，讲述了记账岗位的工作职责。

一、公司的会计核算流程以及会计凭证传递流程

公司的会计核算流程以及会计凭证传递流程，如图 1-1、图 1-2 所示。

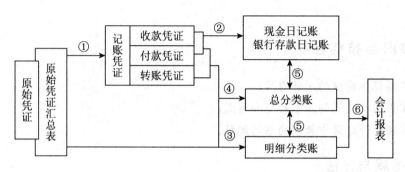

图 1-1 会计核算流程

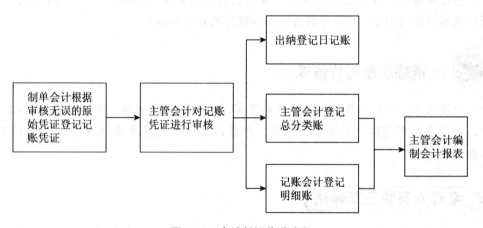

图 1-2 会计凭证传递流程

通过观察上面的会计工作流程图和会计凭证传递流程图，请分析记账岗位在会计工作中占据一个什么样的位置？

从图 1-1 和图 1-2 中我们可以看出，凭证的传递过程以及制单会计填制的记账凭证是记账会计登记账簿的依据，而账簿又是主管会计编制各类报表的依据，所以记账会计在整个会计工作流程中处于中间位置，起到了上下衔接的重要作用。

二、记账会计的岗位职责

（1）按照企业会计制度和本单位的实际情况正确使用会计科目和登记会计账簿。

（2）根据主管会计审核后的记账凭证，及时登记有关明细账，做好各项财务结算工作。

（3）做好往来款项登记工作，及时结算各项款项，加强往来账款的管理。

（4）按时做好结账工作，并保证账实、账证、账账相符。

（5）根据本单位账务管理制度和工作需要适时提供有关会计信息。

（6）管理好会计档案，收集和整理会计凭证、会计账簿、会计报表及其他会计资料，装订整齐、分类排列、妥善保管、及时归档，以便查阅。

三、记账会计应该具备的工作能力

（1）能够读懂原始凭证，并从中得到登记账簿需要的信息。

（2）认识记账凭证。

（3）根据单位实际情况，合理设置相应的明细分类账簿。

（4）根据审核无误的记账凭证，按照会计记账要求及时准确地登记明细分类账，熟练掌握不同格式账页的建账、登账、结账的方法。

（5）每月与总分类账核对一次，做到账账相符。

（6）掌握错账更正的方法，并能熟练运用。

（7）严格执行代销商品结算制度，及时清理债权、债务，避免造成坏账损失。

（8）具备良好的共同协作能力。

任务二　记账岗位需要具备的基础知识

任务导入

记账岗位会计工作，在整个会计核算流程中起到了承上启下的重要作用，如果出现错误则会影响最终报表编制的正确性，所以具备记账岗位的基础知识，成了学习记账岗位工作的第一步。

一、会计凭证的相关知识

会计主体所有会计事项都须有书面证明。而记录经济业务、明确经济责任以作为记账依据的书面证明，就称为会计凭证。

取得、填制会计凭证，并认真审核其真实性、合法性、合理性是会计工作的起点。

而根据这些会计凭证编制各类账簿，是会计工作中的重要一环。作为一名合格的记账岗位会计人员，首先要学会读懂会计凭证包含的一些会计信息，并把这些信息按照一定的规则整理归类，就形成了会计账簿。下面我们就来认识一下会计凭证，其分类如图1-3所示。

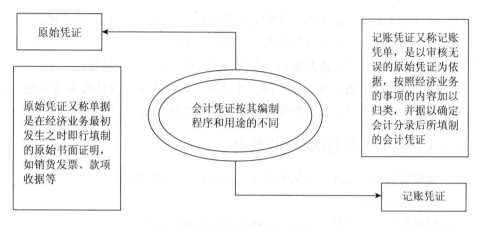

图1-3　会计凭证的分类

会计凭证可以记录经济业务的发生和完成情况，为会计核算提供原始依据；可以检查经济业务的真实性、合法性和合理性，为会计监督提供重要依据；可以明确经济责任，为落实岗位责任制提供重要文件；可以反映相关经济利益关系，为维护合法权益提供法律证据；可以监督经济活动，控制经济运行。

原始凭证和记账凭证的内容包括凭证名称、编制凭证的日期及编号、接受凭证单位的名称、经济业务的数量和金额、填制凭证单位的名称和有关人员的签章等，这些也都是登记账簿的依据，原始凭证如图1-4、图1-5所示。

图1-4　原始凭证1

河北省增值税专用发票 No130062140

此联不作报销、抵税凭证使用   开票日期：2014年12月11日

购货单位	名　　　　称：广州鸿运有限责任公司 纳税人识别号：150011269813457 地　址、电　话：广州市天河区 开户行及账号：北京路支行 542-17				密码区			
货物及应税劳务名称	规格型号	单位	数量	单价	金额	税率	税额
刮板输送机 转载机		台 台	2 10	25000 3000	50000.00 30000.00	17% 17%	8500.00 5100.00
合计					80000.00		13600.00
价税合计（大写）　　　玖万叁仟陆佰元整					（小写）￥ 93600.00		
销货单位	名　　　　称：长城机械有限责任公司 纳税人识别号：1906030011167898 地　址、电　话：张山市维一路 126号 开户行及账号：工行东支 685088096001				备注			

第三联：记账联 销货方记账凭证

收款人：　　　　　复核：　　　　　开票人：张力宏　　　　销货单位（章）：

图 1-5 原始凭证 2

想一想

请同学们和小王一起试着读一读上面两张原始凭证，看看能从中得到哪些信息？这些信息对于我们登记明细账簿有什么用呢？

记账凭证按其使用范围，可以分为专用记账凭证和通用记账凭证两类。

（一）专用记账凭证

指专门用来反映某类经济业务的记账凭证，按其所记录的经济业务与现金和银行存款的收付有无关系具体可分为收款凭证、付款凭证和转账凭证。

1. 收款凭证

用于记录库存现金和银行存款收款业务的会计凭证。它是根据有关现金和银行存款收入业务的原始凭证填制，是登记现金日记账、银行存款日记账以及有关明细账和总账等账簿的依据，也是出纳人员收讫款项的依据，收款凭证如图 1-6 所示。

收 款 凭 证

借方科目：　　　　　　　　　　　　　　年　月　日　　　　　　第　号

摘　要	会计科目	明细科目	金　额 亿千百十万千百十元角分	记账
合　计	（附件　　　张）			

制证：　　　　　　　　　　　审核：　　　　　　　　　　　记账：

图 1-6　专用记账凭证——收款凭证

2. 付款凭证

用于记录库存现金和银行存款付款业务的会计凭证。它是根据有关现金和银行存款支付业务的原始凭证填制，是登记现金日记账、银行存款日记账以及有关明细账和总账等账簿的依据，也是出纳人员付讫款项的依据，付款凭证如图 1-7 所示。

付 款 凭 证

贷方科目：　　　　　　　　　　　　　　年　月　日　　　　　　第　号

摘　要	会计科目	明细科目	金　额 亿千百十万千百十元角分	记账
合　计	（附件　　　张）			

制证：　　　　　　　　　　　审核：　　　　　　　　　　　记账：

图 1-7　专用记账凭证——付款凭证

3. 转账凭证

用于记录不涉及库存现金和银行存款业务的会计凭证。它是根据有关转账业务的原始凭证填制。转账凭证是登记总分类账及有关明细分类账的依据，转账凭证如图1-8所示。

转 账 凭 证

年 月 日 转字____号

摘 要	会计科目	明细科目	借方金额										贷方金额										记账
			百	十	万	千	百	十	元	角	分	百	十	万	千	百	十	元	角	分	
合 计	（附件 张）																				

会计主管： 审核： 制证： 记账：

图1-8 专用记账凭证——转账凭证

（二）通用记账凭证

指反映各类经济业务共同使用的统一格式的记账凭证。在经济业务比较简单的经济单位，为了简化凭证可以使用通用记账凭证，记录所发生的各种经济业务，通用记账凭证如图1-9所示。

记 账 凭 证

年 月 日 _____字_____号

摘 要	会计科目	明细科目	借方金额	贷方金额	记账
			百十万千百十元角分	百十万千百十元角分	
合 计	（附件 张）				

会计主管： 审核： 制证： 记账：

图 1-9 通用记账凭证

想一想

通过在制单岗位的学习，小王已经基本掌握了会计凭证的填写方法，他认为记账凭证就是由制单会计来做的，记账会计只需要读懂里面的信息，根据信息登记账簿就可以，不用在凭证上做任何记录，他的想法对吗？

二、账簿的分类

1. 按用途分类，如表 1-1 所示

表 1-1   账簿按用途分类

类别	具体内容	
序时账簿	又称日记账，是按照经济业务发生或完成时间的先后顺序逐日逐笔进行登记的账簿。在我国，大多数单位一般只设现金日记账和银行存款日记账	
分类账簿	是对全部经济业务事项按照会计要素的具体类别而设置的分类账户进行登记的账簿。按照分类的概括程度不同，又分为总分类账和明细分类账两种	总分类账簿，是按照总分类账户分类登记经济业务事项的账簿，简称总账
		明细分类账簿，是按照明细分类账户分类登记经济业务事项的账簿，简称明细账

类别	具体内容
备查账簿	简称备查簿，是对某些在序时账簿和分类账簿等主要账簿中都不予登记或登记不够详细的经济业务事项进行补充登记时使用的账簿。例如，租入固定资产登记簿、受托加工材料登记簿、代销商品登记簿、应收（付）票据备查簿等。备查账簿可以由各单位根据需要进行设置

注意：备查账簿与序时账簿和分类账簿相比，存在两点不同之处：

（1）登记依据可能不需要记账凭证，甚至不需要一般意义上的原始凭证；

（2）账簿的格式和登记方法不同，备查账簿的主要栏目不记录金额，它更注重用文字来表述某项经济业务的发生情况，即无固定格式。

2. 按外型特征分类，如表 1-2 所示

表 1-2 账簿按外型特证分类

类别	具体内容
订本式账簿	订本账是指在启用前就已经按顺序编号并固定装订成册的账簿。现金日记账、银行存款日记账和总分类账一般采用这种形式 优点是可以防止账页散失或者抽换账页 缺点是账页固定后，不能确定各账户应该预留多少账页，也不便于会计人员分工记账
活页式账簿	活页账是在启用前和使用过程中把账页置于活页账夹内，随时可以取放账页的账簿，适用于一般明细分类账 优点是可以根据实际需要灵活使用，也便于分工记账 缺点是账页容易散失或被抽换。为了克服此缺点，使用活页账时必须要求按账页顺序编号、期末装订成册、加编目录，并由有关人员盖章后保存
卡片式账簿	卡片账是由许多具有账页格式的硬纸卡片组成，存放在卡片箱中的一种账簿。卡片账多用于固定资产、存货等实物资产的明细分类核算 优缺点与活页账基本相同，使用卡片账一般不需要每年更换

严格说，卡片账也是一种活页账。在我国，企业一般只对固定资产明细账的核算采用卡片账形式，也有少数企业在材料核算中使用材料卡片，订本式账簿封皮和活页式账簿封皮如图 1-10、图 1-11 所示。

图 1-10 订本式账簿封皮

图 1-11 活页式账簿封皮

3. 按账页格式分类，如表 1-3 所示

表 1-3   账簿按账页格式分类

类别	格式内容	使用范围
三栏式账簿	三栏式账簿是设有借方、贷方和余额三个基本栏目的账簿	各种日记账、总分类账以及资本、债权、债务明细账都可采用三栏式账簿
多栏式账簿	多栏式账簿，是在账簿的两个基本栏目借方和贷方按需要分设若干专栏的账簿	收入、成本、费用、利润和利润分配明细账一般均采用这种格式的账簿
数量金额式账簿	数量金额式账簿，是在借方、贷方和余额三个栏目内，都分设数量、单价和金额三小栏，借以反映财产物资的实物数量和价值量	原材料、库存商品、产成品等存货明细账一般都采用数量金额式账簿

记账岗位会计主要使用的明细分类账采用活页式账簿登记，格式有三栏式、多栏式、数量金额式等。

三、会计数字的书写

记账岗位会计的主要职责就是登记明细账簿，在登记的过程中会计数字的书写技能显得尤为重要。我们在小学阶段就会写数字了，但是想要写好会计数字并非一日之功，不仅要书写正确，还必须符合会计规范要求，只有经过长期不懈的专业训练，才能达到标准化、规范化的要求。

在会计实际工作中，会计数字的书写是有别于人们平时对数字的习惯写法的，应按照统一的规范要求来书写，否则，不仅影响到账簿的整洁、美观，而且直接关系到会计核算信息的准确性，甚至由于书写不规范，造成数字被涂改，以至于耽误工作，给企业造成损失。

会计数字书写采用的是世界上通用的阿拉伯数字，阿拉伯数字应用范围较广，在填制单据、凭证、账表等会计记录及计算结果时使用。下面我们就一起来学习阿拉伯数字的写法。

（1）阿拉伯数字应当一个一个的写，不得连笔写，排列要整齐，在书写时应有一定的斜度，一般可掌握在 60 度左右。

（2）书写有高度标准，一般要求数字的高度占凭证账页横格高度的 1/2 为宜，书写时要注意紧靠横格底线，使上方能留出更正空间。

（3）保持均衡的间距，每个数字要大小一致，数字间的空隙应均匀，约半个数字大小，不宜过大以防添加数字。在印有数位线的凭证、账簿、报表上，每一格只能写一个数字，不得几个字挤在一个格里，也不得在数字中间留有空格。

（4）为防止被模仿或涂改，会计人员要保持个人的书写规律和特色：

①"1"应居中写并不可写得过短，以防被改为"4"、"6"、"7"、"9"。

②"2"的底部上绕，以免被改为"3"。

③"4"的顶部不封口，写第 1 笔画时应上抵中线，下至下半格的四分之一处，并注意"4"的中竖要明显比"1"短。

④"6"的竖画应偏左，"4"、"7"、"9"的竖画应偏右，此外"6"的竖画应上提为一般数字的 1/4；"7"、"9"的竖画可下拉出格至一般数字的 1/4。书写"6"时下圆要明显，以防止改写为"8"。

⑤"8"有两种笔顺，都起笔于右上角，结束于右上角，写"8"时，上边要稍小，下边稍大，可以斜"S"起笔也可直笔起笔，终笔与起笔交接处应成菱角，以防止将"3"改为"8"。

⑥"6"、"8"、"9"、"0"的圆圈必须封口。

会计数字的书写规范如图 1-12 所示。

数字练习本																																							
0	1	2	3	4	5	6	7	8	9	0	1	2	3	4	5	6	7	8	9	0	1	2	3	4	5	6	7	8	9	0	1	2	3	4	5	6	7	8	9
0	1	2	3	4	5	6	7	8	9	0	1	2	3	4	5	6	7	8	9	0	1	2	3	4	5	6	7	8	9	0	1	2	3	4	5	6	7	8	9
0	1	2	3	4	5	6	7	8	9	0	1	2	3	4	5	6	7	8	9	0	1	2	3	4	5	6	7	8	9	0	1	2	3	4	5	6	7	8	9
0	1	2	3	4	5	6	7	8	9	0	1	2	3	4	5	6	7	8	9	0	1	2	3	4	5	6	7	8	9	0	1	2	3	4	5	6	7	8	9

图 1-12　会计数字的书写规范

【小提示】

要想使书写的数字看起来整体美观、规范，应注意以下几点：

（1）数字书写一定要小，要压底线。

（2）书写要定型，同一数字不能有两种写法。

（3）斜度应一致，使整体美观。不仅每个数字要有倾斜度，整体数字间也要有倾斜度，只有将"1"、"4"、"7"、"9"中的竖笔保持平行才有这种整体倾斜效果。

（4）尽量用黑色或蓝色钢笔或水笔书写，写出来的数字才有视觉美感。

（5）注意数字的起笔位置，一般应从右上向左下斜笔起笔。

（6）若写错数字，要用会计更正方法加以更正，而不能随意撕掉，或用橡皮、小刀刮擦或用涂改液和胶带粘贴。

任务三　认知明细账簿

任务导入

在掌握了记账的工作职责以及作为一名记账岗位人员应该具备的一些基础知识之后，就要真正的开始跟账簿打交道，但是明细账的种类有很多种，到底应该如何运用呢？下面我们就和小王一起来学习吧。

一、明细账的基本内容

明细分类账，是指按照明细分类账户进行分类登记的账簿，是根据单位开展经济管理的需要，对经济业务的详细内容进行的核算，其所提供的有关经济活动的详细资料是对总分类账进行的补充反映。虽然明细账的账页格式多样，但是其基本内容主要由封面、扉页和账页这三个部分组成。

1. 封面

封面主要用来标明会计账簿的名称，如图1-13所示，如管理费用明细账、应付账款明细账、应收账款明细账等。

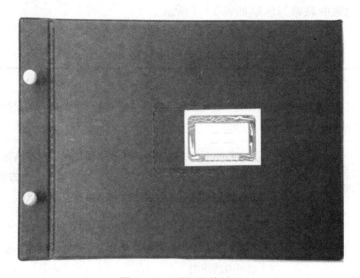

图1-13 明细账的封面

2. 扉页

扉页主要用来填列会计账簿的使用信息，如图1-14所示，其主要内容包括：①单位名称；②账簿名称；③起止页数；④启用日期；⑤单位负责人、会计主管人员；⑥经管人员；⑦移交人和移交日期；⑧接管人和控管日期。

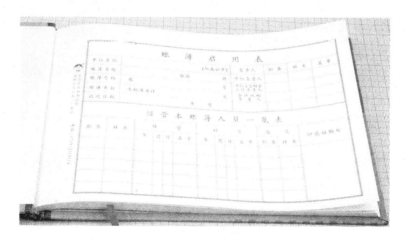

图1-14 账簿启用表

3. 账页

账页是会计账簿最主要的组成部分，可以说是会计账簿的主体，会计账簿就是由若干的账页组成的。明细账簿的账页根据格式的不同，其所包括的具体内容各不相同，我们将在项目二中讲述明细账簿种类的时候再给大家进行展示。

二、明细账与总账的联系与区别

明细账与总账的联系与区别如表 1 - 4 所示。

表 1 - 4 　　　　　　　　　　明细账与总账的联系与区别

联系	1. 二者所反映的经济业务内容相同	
	2. 登记账簿的原始依据相同，登记总分类账户与登记明细分类账户的记账凭证和原始凭证是相同的	
区别	1. 二者反映经济内容的详细程度不一样	总账反映全部经济业务的总括情况，提供总括核算资料；明细账反映全部经济业务的详细情况，提供某一方面的详细核算资料；有些明细账还可以提供实物量指标和劳动量指标
	2. 二者的作用不同	总账提供的经济指标，是明细账资料的综合和汇总，对所属明细账起着统驭作用；明细账是对有关总账的补充，起着核算资料详细说明的作用

三、明细账簿的分类

1. "三栏式"明细账，如图 1 - 15 所示

"三栏式"明细账的账页格式同总分类账的格式基本相同，它只设"借方"、"贷方"和"余额"三个金额栏。其适用于"应收账款"、"应付账款"等只需进行金额核算的明细账。

明细账

年		凭证		摘要	借款	贷款	借方										贷方										借或贷	余额										核对
月	日	种类	号数				亿	千	百	十	万	千	百	十	元	角	分	亿	千	百	十	万	千	百	十	元	角	分		亿	千	百	十	万	千	百	十	元	角	分	

图 1-15 三栏明细账页格式

2. "数量金额式"明细账,如图 1-16 所示

明细账

编号_____ 规格_____ 品名_____ 单位_____ 存放地点_____

年		凭证号	摘要	借 方		金额											贷 方		金额											结 存		金额										
月	日			数量	单价	亿	千	百	十	万	千	百	十	元	角	分	数量	单价	亿	千	百	十	万	千	百	十	元	角	分	数量	单价	亿	千	百	十	万	千	百	十	元	角	分

图 1-16 数量金额明细账页格式

15

　　"数量金额式"明细账的账页，其基本结构为"借方"、"贷方"和"结存"三栏，在这些栏内再分别设有"数量"、"单价"、"金额"等项目，以分别登记实物的数量和金额。

　　这种格式的明细账适用于既要进行金额明细核算，又要进行数量明细核算的财产物资项目。如"原材料"、"产成品"等账户的明细核算。它能提供各种财产物资收入、发出、结存等的数量和金额资料，便于满足开展业务和加强管理的需要。

　　3. "多栏式"明细账，如图1-17所示

					明细账				账号	总页数
									页数	

年		凭证		摘　要							核对
月	日	种类	号数								

图1-17　多栏明细账页格式

　　"多栏式"明细账的格式视管理需要而呈多样化，它在一张账页上，按照明细科目分设若干专栏，集中反映有关明细项目的核算资料。

　　这种格式的明细账适用于费用成本、收入成果类的明细核算。如"生产成本明细账"，它只设一栏借方，下按成本设置专栏，贷方发生额用红字在有关专栏内登记。

知识窗

"横线登记法"明细账

　　"横线登记法"明细账是在账页的同一行内，逐笔逐项登记每笔经济业务的"借方"和与其相对应的"贷方"。其适用于材料采购业务的付款和收料，备用金业务的支出和报销收回等情况。

【知识点理论训练】

一、单项选择题

1. 登记账簿的依据是（   ）。

A. 经济合同   B. 会计分录   C. 会计凭证   D. 有关文件

2. 下列账户的明细账采用三栏式账页的是（   ）。

A. 管理费用   B. 销售费用   C. 库存商品   D. 应收账款

3. 一般情况下，不需要根据记账凭证登记的账簿是（   ）。

A. 总分类账   B. 明细分类账   C. 日记账   D. 备查账

4. 生产成本明细账一般采用（   ）明细账。

A. 三栏式   B. 多栏式   C. 数量金额式   D. 任意格式

5. 原材料等财产物资明细账一般适用（   ）明细账。

A. 数量金额式   B. 多栏式   C. 三栏式   D. 任意格式

6. 活页账一般适用于（   ）。

A. 总分类账   B. 现金日记账和银行存款日记账

C. 固定资产明细账   D. 明细分类账

7. 订本账主要不适用于（   ）。

A. 特种日记账   B. 普通日记账   C. 总分类账   D. 明细分类账

8. 固定资产明细账的外表形式可以采用（   ）。

A. 订本式账簿   B. 卡片式账簿

C. 活页式账簿   D. 多栏式明细分类账

9. "实收资本"明细账的账页可以采用（   ）。

A. 三栏式   B. 活页式   C. 数量金额式   D. 卡片式

10. 多栏式明细账一般适用于（   ）。

A. 收入费用类账户   B. 所有者权益类账户

C. 资产类账户   D. 负债类账户

11. 应收账款明细账的账页格式一般采用（   ）。

A. 三栏式   B. 数量金额式

C. 多栏式   D. 任意一种明细账格式

12. 下列做法错误的是（   ）。

A. 现金日记账采用三栏式账簿   B. 产成品明细账采用数量金额式账簿

C. 生产成本明细账采用三栏式账簿   D. 制造费用明细账采用多栏式账簿

二、多项选择题

1. 下列明细账中可以采用三栏式账页的有（   ）。

A. 应收账款明细账   B. 原材料明细账

C. 材料采购明细账   D. 现金日记账

2. 登记明细分类账的依据可以是（　　　）。

A. 原始凭证　　　　　B. 汇总原始凭证　　　C. 记账凭证　　　　　D. 经济合同

3. 数量金额式明细分类账的账页格式一般适用于（　　　）。

A. 库存商品明细账　　　　　　　　　B. 应交税金明细账

C. 应付账款明细款　　　　　　　　　D. 原材料明细账

4. 任何会计主体都必须设置的账簿有（　　　）。

A. 日记账　　　　　B. 备查账　　　　　C. 总分类账　　　　　D. 明细分类账

5. 账簿按其外表形式分，可以分为（　　　）。

A. 三栏式　　　　　B. 订本式　　　　　C. 卡片式　　　　　D. 活页式

6. 下列适用多栏式明细账的是（　　　）。

A. 生产成本　　　　B. 制造费用　　　　C. 材料采购　　　　D. 应付账款

7. 会计账簿按其用途的不同，可以分为（　　　）。

A. 序时账簿　　　　　　　　　　　　B. 分类账簿

C. 备查账簿　　　　　　　　　　　　D. 数量金额式账簿

8. 会计账簿按账页格式的不同，可以分为（　　　）。

A. 两栏式账簿　　　　　　　　　　　B. 多栏式账簿

C. 三栏式账簿　　　　　　　　　　　D. 数量金额式账簿

9. 在会计账簿扉页上填列的内容包括（　　　）。

A. 账簿名称　　　　　　　　　　　　B. 单位名称

C. 账户名称　　　　　　　　　　　　D. 起止页次

10. 必须采用订本式账簿的是（　　　）。

A. 现金日记账　　　　　　　　　　　B. 固定资产明细账

C. 银行存款日记账　　　　　　　　　D. 管理费用总账

11. 下列明细账中不宜采用数量金额式的有（　　　）。

A. 产成品——A产品　　　　　　　　B. 原材料——甲材料

C. 财务费用　　　　　　　　　　　　D. 应收账款——M公司

三、判断题

1. 会计账簿是连接会计凭证与会计报表的中间环节，在会计核算中具有承前启后的作用，是编制会计报表的基础。（　　　）

2. 多栏式明细账一般适用于资产类账户。（　　　）

3. 三栏式账簿是指具有日期、摘要、金额三个栏目格式的账簿。（　　　）

4. 凡是明细账都使用活页账簿，以便于根据实际需要，随时添加空白账页。（　　　）

5. 启用订本式账簿，除在账簿扉页填列"账簿启用和经管人员一览表"外，还要从第一页到最后一页顺序编写页数，不得跳页、缺号。（　　　）

6. 无论分类账簿还是序时账簿，都需要以记账凭证作为记账依据。（　　　）

项目二　建账训练

知识与技能目标

1. 知道会计账簿设置的原则；
2. 了解建账的步骤；
3. 学会建账的方法。

过程与方法

了解建账的步骤，通过观察、试练不同种类会计账簿建账的过程，分析、总结归纳出建立会计账簿的要领。

情感态度与价值观

理论联系实际，在实践中锤炼提高。

会计人员快乐工作法

不厌倦枯燥的会计工作，学会在工作中寻找乐趣，许多人都认为会计工作枯燥无味，每天都是录入一张一张凭证。因此，你需要学会从工作中寻找自己的快乐，不断总结工作经验，优化工作流程，化繁为简。

任务一　不可不知的建账基础知识

任务导入

老会计告诉小王，只有丰富的基础知识是不行的，得结合实际问题来分析如何去建立明细账，以及建立账簿时应注意些什么问题。

每一家企业在成立初始或年初更换账簿时都面临着建账问题。何为建账呢？建账就是根据企业具体行业要求和将来可能发生的会计业务情况，购置所需要的账簿，然后根据企业日常发生的业务情况和会计处理程序登记账簿。从建账过程可以看出一个人会计业务的能力，以及对企业业务的熟悉情况，所以我们应该了解一下企业如何建账。

一、明细账的建账原则

明细账通常根据总账科目所属的明细科目设置，用来分类登记某一类经济业务，提供有关的明细核算资料。明细账是形成有用的会计信息的基本程序和基本环节，借助明细账，既可以对经济业务信息或数据做进一步的加工、整理，进而通过总账形成适合于会计报表提供的会计信息，又能够为了解信息的形成提供具体情况和有关线索。明细账的建账原则如下：

1. 根据国家统一会计制度的规定和企业管理的需要设置明细科目的名称

会计制度对有些明细科目的名称进行了明确规定，对另一些明细科目只规定了设置的方法和原则，对于有明确规定的，企业在建账时应按照《企业会计制度》的规定设置明细科目的名称；对于没有明确规定的，建账时应按照《企业会计制度》规定的方法和原则，结合企业管理的需要设置明细科目。

2. 根据财产物资管理的需要选择明细账的格式

明细账的格式主要有三栏式、数量金额式和多栏式，企业应根据财产物资管理的需要选择明细账的格式。

3. 明细账的外表形式一般采用活页式

明细账采用活页式账簿，主要是为了使用方便，便于账页的最新排列和记账人员的分工。但是，活页账的账页容易散失和被随意抽换，因此，明细账在建立和使用时应按顺序编号并装订成册，注意妥善保管。

明细分类账的设置是根据企业自身管理的需要和外界各部门对企业信息资料的需要来设置的，需设置的明细账有：

①短期投资——根据投资种类和对象设置。

②应收账款——根据客户名称设置。

③其他应收款——根据应收部门、个人、项目往来设置。

④长期投资——根据投资对象或根据面值、溢价、折价、相关费用设置。

⑤固定资产——根据固定资产的类型设置，对于固定资产明细账账页每年可不必更换新的账页。

⑥短期借款——根据短期借款的种类或对象设置。

⑦应付账款——根据应付账款对象设置。

⑧其他应付款——根据应付内容设置。

⑨应付职工薪酬——根据应付部门设置。

⑩应交税费——根据税金的种类设置。

⑪产品销售费用，管理费用，财务费用——均按照费用的构成内容设置。

企业可以根据自身的需要，增减明细账的设置。记账岗位人员的日常工作就是根据原始凭证、汇总原始凭证及记账凭证登记各种明细账。明细账无论按怎样的方法分类，各个账户明细账的期末余额之和应与其总账的期末余额相等。

二、各行业建账的特点

各行业建账的关键点就是根据各行业经营特点和行业需要选择不同的账簿，设置不同的账户进行核算。

（一）工业企业建账与账户设置

1. 工业企业建账

工业企业是指那些专门从事产品的制造、加工、生产的企业，所以也有人称工业企业为制造业。工业企业由于会计核算涉及内容多，又有成本归集和计算问题，所以工业企业建账是最复杂的、也是最具有代表意义的。

工业企业建账如表1-2所示。

表2-1　　　　　　　　　　　　　　　工业企业建账

现金日记账的建账	现金日记账账簿是工业企业必须具备的。会计人员在建账时需购买一本现金日记账
银行存款日记账的建账	银行存款日记账账簿是工业企业必须具备的。会计人员在建账时需购买一本银行存款日记账 工业企业如果开立了两个以上的银行账户，那么会计人员需对每一个账户设置一本账簿，对企业发生的经济业务分别进行登记。如企业在建设银行、交通银行分别开设了账户，会计人员就要分别设置"银行存款——建设银行"、"银行存款——交通银行"进行核算
明细分类账的建账	工业企业明细账是根据企业自身管理需要和外界各部门对企业信息资料需要来设置的会计人员应估计每一种业务的业务量大小，将每一种业务用口取纸分开，并在口取纸上写明该种业务的会计科目名称，以便在登记时能够及时找到相应的账页 为了方便登记明细分类账，在总账账页分页使用时，最好按资产、负债、所有者权益、收入、费用的顺序来分页，在口取纸选择上也可将资产、负债、所有者权益、收入、费用按不同颜色区分开，以便于登记 工业企业明细账簿可选择数量金额式、三栏式、多栏式三种基本格式 基本生产成本明细账、材料采购明细账、辅助生产成本明细账、往来款项明细账等明细账无论采用什么样的分类方法，各个账户明细账的期末余额之和应与其总账的期末余额相等

总分类账的建账	工业企业总账的设置可根据业务量的多少购买一本或几本总分类账（一般情况下是无须一个科目设一本总账的）。然后根据企业涉及的业务和会计科目设置总账
	只要是企业涉及的会计科目就要有相应的总账账簿（账页）与之对应
	会计人员应估计每一种业务的业务量大小，将每一种业务用口取纸分开，并在口取纸上写明该种业务的会计科目名称，以便在登记时能够及时找到相应的账页
	在总账分页使用时，假如总账账页从第 1 页到第 10 页登记现金业务，我们就会在目录中写清楚"现金……1~10"，并且在总账账页的第一页贴上口取纸，口取纸上写清楚"现金"；第 11 页到第 20 页为银行存款业务，我们就在目录中写清楚"银行存款……11~12"并且在总账账页的第 11 页贴上写有"银行存款"的口取纸，以此类推
	因工业企业的存货内容所占比重较大，另外还要配合成本核算设置有关成本总账。有关存货账户有：原材料、在途物资、材料采购、委托加工材料、低值易耗品、包装物、自制半成品、产成品等。企业要根据账户设置相应的总账
	为了方便登记总账，在总账账页分页使用时，最好按资产、负债、所有者权益、收入、费用的顺序来分页，在口取纸选择上也可将资产、负债、所有者权益、收入、费用按不同颜色区分开，以便于登记
其他问题	因工业企业的成果核算比较复杂，所以在企业建账时，为了便于凭证的编制，要设计一些核算用表格，如材料费用分配表、领料单、工资费用核算表、折旧费用分配表、废品损失核算表、辅助生产费用分配表、产品成本核算单等相关成本核算表格

2. 工业企业账户的设置

工业企业由于自身的行业特点，除设立库存现金账户、银行存款账户、应收账款账户、其他应收款账户、固定资产账户、累计折旧账户、在建工程账户、无形资产账户、累计摊销账户、待处理财产损溢账户、应付账款账户、预收账款账户、应交税费账户、应付职工薪酬账户、其他应付款账户、实收资本账户、本年利润账户、利润分配账户、所得税费用账户、主营业务收入账户、其他业务收入账户、营业外收入账户、主营业务成本账户、营业外支出账户、销售费用账户、管理费用账户、财务费用账户、营业税金及附加账户等常用账户外还需设立工业企业专用账户。工业企业专用账户如表 2-2 所示。

表 2-2　　　　　　　　　　　　工业企业账户的设置

| 原材料（按实际成本计价） | 核算企业各种库存材料的实际成本。"原材料"账户一般按材料的种类设置明细账进行明细核算。如果原材料在产品成本中所占比重很大，可以将"原材料"账户分为"原料及主要材料"、"外购半成品"、"辅助材料"等账户进行核算 | |
| | 借方 | 登记外购、自制、委托外单位加工验收入库及盘盈等原因增加的原材料的实际成本 |

原材料（按实际成本计价）	贷方	登记企业领用、发出加工、对外销售以及盘亏、毁损等原因减少的原材料的实际成本
	余额	期末借方余额反映库存原材料的实际成本
在途物资	该账户核算企业货款已经结算或商业汇票已经承兑，但尚未验收入库的原材料的实际成本。该账户一般按供货单位和材料种类设置明细账进行明细核算	
	借方	登记已经付款或已经将商业汇票承兑的材料的实际成本
	贷方	登记验收入库材料的实际成本
	余额	期末借方余额反映企业已经支付货款或已经将商业汇票承兑，但尚未到达或虽已到达但尚未验收入库材料的实际成本
原材料（按计划成本计价）	该账户的结构与按实际成本计价的核算方法类同，所不同的是该账户始终按材料的计划成本而不是实际成本登记	
	借方	登记增加材料的计划成本
	贷方	登记减少材料的计划成本
	余额	期末借方余额表示库存材料的计划成本
材料采购	核算原材料按计划成本计价时的采购成本	
	借方	登记支付或承付的材料实际采购成本及实际成本小于计划成本的节约差异
	贷方	登记已经付款或已开出承兑商业汇票并验收入库的材料的计划成本及实际成本大于计划成本的差异，应向供应单位、运输单位收回的材料物资短缺或其他应冲减采购成本的索赔款项，需要报经批准或尚待查明原因处理的途中短缺和毁损，以及由于意外事故造成的非常损失
	余额	期末借方余额反映已付款或开出承兑商业汇票但尚未到达或尚未验收入库的在途材料的实际成本
材料成本差异	核算企业各种材料的实际成本大于计划成本的差额。本账户可分别"原材料"、"周转材料"等，按照类别或品种进行明细核算	
	借方	登记材料实际成本大于计划成本的差额（超支额），以及调整库存材料成本时，调整减少的计划成本数额
	贷方	登记材料实际成本小于计划成本的差额（节约额），分配计入领用、发出或报废的各种材料的成本差异（实际成本小于计划成本的差异，用红字登记，或计入该账户的借方），以及调整库存材料的成本时，调整增加的计划成本数额
	余额	期末贷方余额反映库存材料实际成本小于计划成本的差异，期末借方余额反映库存材料实际成本大于计划成本的差异

库存商品	核算企业生产完工验收入库的产品	
	借方	登记生产完工并验收入库的产品
	贷方	登记销售商品、确认收入发出的库存商品
	余额	期末借方余额反映库存的商品价值
周转材料	核算企业能够多次使用，逐渐转移其价值但仍保持原有形态但又不确认为固定资产的包装物和低值易耗品。为了反映和监督周转材料的增减变化及其价值损耗、结存等情况，核算时也可在"周转材料"账户下专门设置包装物、低值易耗品等二级账户核算，也可以单独设置"包装物"、"低值易耗品"账户进行核算	
	借方	登记外购、自制、委托外单位加工完成验收入库及盘盈等原因增加的周转材料
	贷方	登记企业领用、发出加工、对外销售以及盘亏、毁损等原因减少的周转材料
	余额	期末借方余额反映库存周转材料
生产成本——基本生产成本	为核算产品成本要设置基本生产成本明细账，也称产品成本明细分类账或产品成本核算单。根据企业选择的成本核算方法，可以按产品品种、批别、类别、生产步骤设置明细账	
	借方	登记生产产品发生的直接材料、人工费
	贷方	登记产品生产完成转入库存商品的成本
	余额	借方余额为正在生产的未完工的产品成本
生产成本——辅助生产成本	辅助生产成本明细账，用以反映归集的辅助生产费用或辅助生产成本及分配出去的辅助生产成本和转出的完工的辅助生产产品，"辅助生产成本"账户一般应按车间，车间下再按产品或劳务种类设置明细账，账户中按成本项目或费用项目设立专栏进行明细核算	
	借方	核算辅助生产所发生的一切费用，包括辅助生产部门直接发生的费用和从其他辅助部门分配来的费用
	贷方	核算辅助生产部门分配给其他辅助部门、基本生产部门、行政管理部门以及外单位的费用
	余额	期末账户为借方余额，表示辅助生产部门在产品成本
制造费用	制造费用明细账是所有工业企业都必须设置的，它根据制造费用核算内容如工资费、折旧费、修理费、低值易耗品摊销费、劳保费等来设置	
	借方	根据付款凭证，转账凭证及各种费用分配表登记生产车间发生的制造费用
	贷方	登记期末转入生产成本的制造费用
	余额	期末无余额

停工损失	核算生产车间在停工期间发生的各项费用，包括原材料费用、职工薪酬费用、制造费用等。如果企业不设停工损失账户，可通过制造费用或营业外支出账户核算停工损失	
	借方	登记停工期间应列作停工损失的费用
	贷方	登记停工期间收到过失人的赔款，及转入营业外支出的损失
	余额	期末无余额
废品损失	核算生产产品发生的废品损失，在"生产成本"账户下设"废品损失"项目，"废品损失"账户按车间和产品类别设置明细账，明细账内按成本项目设置专栏	
	借方	登记不可修复废品的生产成本和可修复废品的修复费用
	贷方	登记不可修复废品回收的残值和责任人索赔的数额，以及废品净损失的分配结转额
	余额	期末无余额

(二) 商品流通企业会计建账与账户设置

1. 商品流通企业的建账

商品流通企业是指从事商品流通（买卖）的独立核算企业。主要包括商业、供销合作社、粮食、外贸、物资供销、图书发行等企业。如商场、大中小型超市、粮店等。商品流通企业的经济活动主要是流通领域中的购销存活动，所以这类企业的核算主要侧重于采购成本和销售成本的核算及商品流通费用的核算。具体建账如表 2 - 3 所示。

表 2 - 3   **商品流通企业的建账**

现金日记账的建账	现金日记账账簿的建立方式与工业企业相同
银行存款日记账的建账	银行存款日记账账簿的建立方式与工业企业相同
明细分类账的建账	商品流通企业明细账簿是根据企业从事商品批发，还是商品零售而设置，可根据企业业务需要设置库存商品明细账、发出商品明细账、委托代销商品明细账、受托代销商品明细账、代销商品明细账 "商品销售收入"、"商品销售成本"明细账可以按商品的种类、名称、规格或不同的销售部门设置。商品流通企业明细账的设置，除了上述明细账外，其余与工业企业明细账的设置相同

总分类账的建账	商品流通企业的总分类账除了要设置工业企业日常总分类账簿之外，还要设置商品采购、库存商品、商品进销差价这三个商品流通企业必须使用的总账账簿。如果经常委托他人代销商品或为他人代销商品，还需设置委托代销商品、代销商品款、受托代销商品账簿。另外，可根据企业业务量大小和业务量需要增删需设置的总账账簿。商品流通企业总分类账的其他设置与工业企业相同
其他问题	因商品流通企业存在较之服务业不同的成本核算问题，所以为了便于成本核算需要外购或自制许多核算用表格，所以在建账时也要有所准备，否则到月末结账时会手忙脚乱。如已销商品进销差价核算表、商品盘存汇兑表、毛利率核算表等

2. 商品流通企业账户的设置

商品流通企业设立的常用账户与工业企业相同。商品流通企业根据行业特点还需设立商品流通企业专用账户。商品流通企业专用账户如表 2 - 4 所示。

表 2 - 4　　　　　　　　　　商品流通企业专用账户的设置

库存商品	核算企业库存的各种商品的实际成本或售价	
	借方	登记验收入库的商品的实际成本或售价
	贷方	登记销售商品、结转商品的实际成本或售价
	余额	期末借方余额反映库存的商品的实际成本或售价
分期收款发出商品	"分期收款发出商品"账户是资产类账户，用来核算企业采用分期或延期收款销售方式发出商品的进货原价	
	借方	登记商品发出原价
	贷方	登记结转每次销售实现所结转的商品销售成本
	余额	期末借方余额表示尚未收回货款、未结转成本的分期收款发出商品的原价
商品进销差价	"商品进销差价"，属于资产类账户，实质上是"库存商品"的调整账户，用于核算商品流通企业采用售价核算的商品售价与进价之间的差额。本账户应按商品类别或实物负责人设置明细账，进行明细核算	
	借方	登记结转已销商品的进销差价、商品发生损失等转销进销差价
	贷方	登记购进商品、加工收回商品、销售退回商品、溢余等因素产生的进销差价
	余额	期末贷方余额表示期末库存商品应分摊的进销差价

委托代销商品	核算企业委托其他单位代销的商品实际成本（分进价或售价核算）。该账户按受托单位设置明细账，进行明细分类核算。企业委托代销商品支付的手续费计入"销售费用"账户。企业接受其他单位委托，代其他单位销售商品，其代销商品的所有权仍归委托单位，因此，不能再将"库存商品"账户与自营商品一起核算，而应单独设置"受托代销商品"和"代销商品款"账户分别进行核算	
	借方	登记发出代销商品的成本
	贷方	登记转出已销货退回的代销商品成本
	余额	期末借方余额反映企业委托其他单位代销的未售出或未结算的商品成本
受托代销商品	受托代销商品账户是资产类账户，用于核算企业接受其他单位代销或寄销的商品。该账户按照委托单位设置明细账，进行明细分类核算	
	借方	登记收到代销、寄销商品的商品成本
	贷方	登记售出或退回的应转出的代销商品成本
	余额	期末借方余额，表示尚未销售的受托或寄销商品
代销商品款	代销商品款是负债类账户，该账户按照委托单位设置明细账，进行明细核算	
	借方	销售代销、寄销商品后与委托方结算货款时，计入借方
	贷方	用于核算企业接受代销、寄销商品的价款。收到委托代销、寄销的商品时，计入该账户的贷方
	余额	期末贷方余额，表示尚未销售的代销或寄销商品的价款
物资采购	核算商品流通企业从事批发业务，从供货单位采购商品，不经过本企业仓库，从供货单位所在地直接将商品运到购货单位	
	借方	登记采购物资的金额
	贷方	登记销售物资的成本
	余额	期末账户无余额

（三）交通运输企业建账与账户设置

1. 交通运输企业建账

交通运输企业是指处于流通领域里的产业部门，其从事旅客运输和货物运输活动。它的特点是流动性大、营运点多、面广和线路多，企业与有关部门以及企业内部各部门之间的经济关系比较复杂，核算的环节多，业务量大。成本核算要按不同的被运输对象、不同的运输工具、运输作业项目、运输组织方式核算各种运输成本。交通运输企业建账如表 2-5 所示。

表 2－5 交通运输企业建账

现金日记账的建账	现金日记账账簿的建立方式与工业企业相同
银行存款日记账的建账	银行存款日记账账簿的建立方式与工业企业相同
明细分类账的建账	交通运输业明细账簿根据经营项目需要，可设置运输收入明细账、装卸收入明细账、装卸支出明细账、存放收入明细账、存放支出明细账、代理业务收入明细账、代理业务支出明细账 除了上述明细账外，其余与工业企业明细账的设置相同
总分类账的建账	交通运输业的总分类账除了要设置工业企业日常总分类账外，还要设置运输收入、运输成本、装卸收入、装卸支出、存放收入、存放支出、代理业务收入、代理业务支出总账

2. 交通运输企业账户的设置

交通运输企业设立的常用账户与工业企业相同。交通运输企业根据行业特点还需设立交通运输企业专用账户。交通运输企业专用账户如表 2－6 所示。

表 2－6 交通运输企业专用账户

运输收入	核算沿海、内河、远洋和汽车运输企业经营旅客、货物运输业务所发生的各项收入 本科目一般应按收入种类设置货运收入、客运收入、其他运输收入（包括行李包裹收入、邮件收入等）等明细科目 运输企业还可以根据管理需要，分别各种收入，如按航线、行次、货种以及各类船（车）、贷款船（车）等进行明细核算	
	借方	登记退回已误收收入
	贷方	登记发生运输收入
	余额	期末应将本科目余额转入"本年利润"科目，结转后本科目应无余额
运输成本	核算沿海、内河、远洋和汽车运输企业经营旅客、货物运输业务所发生的各项费用支出 应按运输工具类型（如货轮、客货轮、油轮、拖轮、驳船、货车、客车）或单车、单船设立明细账，并按规定的成本项目进行明细核算	
	借方	登记企业经营运输业务所发生的各项费用
	贷方	登记向保险公司投保收回的赔偿收入，办理共同海损收回的赔偿款，以及应由事故对方或过失人负担的部分
	余额	期末应将本科目余额转入"本年利润"科目，结转后本科目应无余额

装卸收入	本科目核算海、河港口企业和经营装卸业务的汽车运输企业的装卸收入。本科目可以按照专业作业区或货种的装卸收入进行明细核算	
	借方	登记期末应将本科目余额转入"本年利润"科目数
	贷方	登记发生的装卸收入
	余额	期末应将本科目余额转入"本年利润"，结转后本科目无余额
装卸支出	核算海、河港口企业和汽车运输企业因经营装卸业务所发生的费用，可以按专业作业区或货种和规定的成本项目进行明细核算	
	借方	企业经营装卸业务所发生的各项费用，应按成本核算对象和规定的成本项目予以归集，能直接计入成本项目的费用，借记本科目
	贷方	登记按借方的金额从贷方转出，转入本年利润
	余额	期末应将本科目余额转入"本年利润"科目，结转后本科目无余额
存放收入	本科目核算企业经营仓库、堆场业务所发生的收入。本科目可以按照装卸作业区、仓库、堆场等分别进行明细核算	
	借方	登记转入"本年利润"科目数额
	贷方	登记发生的存放收入
	余额	期末应将本科目余额转入"本年利润"科目，结转后本科目无余额
存放支出	核算企业因经营仓库和堆场业务所发生的费用，可以按装卸作业区、仓库、堆场设备种类和规定的成本项目进行明细核算	
	借方	登记发生的存放支出
	贷方	登记转入"本年利润"科目数额
	余额	期末应将本科目余额转入"本年利润"科目，结转后本科目无余额
代理业务收入	核算企业经营各种代理业务所发生的收入。本科目可以按照代理业务种类进行明细核算	
	借方	登记转入"本年利润"科目数额
	贷方	发生代理业务的收入
	余额	期末应将本科目余额转入"本年利润"科目，结转后本科目无余额
代理业务支出	核算企业各种代理业务所发生的各种费用，本科目应按照代理业务种类和规定的成本项目，进行明细核算	
	借方	登记企业经营代理业务所发生的各项费用
	贷方	登记转入"本年利润"科目数额
	余额	期末应将本科目余额转入"本年利润"科目，结转后本科目无余额

（四）房地产开发企业建账与账户设置

1. 房地产开发企业建账

房地产又称不动产，一般指土地、土地上的永久建筑物和由它们衍生的各种物权，房地产开发企业是指专门从事上述不动产开发的企业。他的费用支出主要有土地征用及拆迁补偿费，前期规划、设计、水文、勘察、测绘、三通一平费，建筑安装工程费，道路、供水、供电、供气、排污、排气、通信、环卫、绿化等基础设施费、公共配套设施费，开发间接费等，房地产开发企业建账如表2-7所示。

表2-7　　　　　　　　　　　　房地产开发企业建账

现金日记账的建账	现金日记账账簿的建立方式与工业企业相同
银行存款日记账的建账	银行存款日记账账簿的建立方式与工业企业相同
明细分类账的建账	房地产开发企业明细账簿根据开发项目需要，可设置开发成本明细账、开发间接费用明细账、开发产品明细账、周转房明细账、投资性房地产明细账 除了上述明细账外，其余与工业企业明细账的设置相同
总分类账的建账	房地产开发企业的总分类账除了要设置我们讲到的工业企业日常总分类账簿之外，还要设置开发成本、开发间接费用、开发产品、周转房、投资性房地产这几个房地产开发企业必须适用的总账账簿

2. 房地产开发企业账户的设置

房地产开发企业专用账户如表2-8所示。

表2-8　　　　　　　　　　　　房地产开发企业账户的设置

开发成本		核算房地产开发企业在土地、房屋、配套设施的开发过程中发生的各项费用。该账户应按开发成本的种类，如："土地开发"、"房屋开发"、"配套设施开发"、"代建工程开发"等设置二级明细账户，并在二级明细账户下，按成本核算对象进行明细核算，一般按成本项目设多栏式明细账
	借方	登记企业在土地、房屋、配套设施和代建工程的开发过程中所发生的各项费用
	贷方	登记开发完成已竣工验收的开发产品的实际成本，企业对外转让、销售开发产品时，应用于月份终了时按开发产品的实际成本结转
	余额	期末借方余额反映未完工开发项目的实际成本

续 表

开发间接费用	核算房地产开发企业为开发产品而发生的各项开发间接费用。该账户应按费用项目设置多栏式明细账	
	借方	登记企业内部独立核算单位为开发产品而发生的各项间接费用
	贷方	登记分配计入开发成本各成本核算对象的开发间接费用
	余额	月末无余额
开发产品	核算房地产开发企业开发产品的增加、减少及结存的情况。该账户应按开发产品的种类，如土地、房屋、配套设施、代建工程和周转房等设置明细账，并在明细账户下，按成本核算对象设置账页，一般为多栏式明细账	
	借方	登记已竣工验收的开发产品的成本
	贷方	登记月末结转的已销售、转让、结算或出租的开发产品的实际成本
	余额	月末余额表示尚未销售、转让、结算或出租的各种开发产品的实际成本
周转房——在用周转房	核算房地产开发企业周转房的实际成本，该账户应设置"在用周转房"和"周转房摊销"两个二级账户。"在用周转房"二级账户核算在用周转房的实际成本。"周转房"账户应按周转房的种类设置明细账户	
	借方	登记增加的在用周转房实际成本
	贷方	登记减少的在用周转房实际成本
	余额	借方余额反映在用周转房的原始价值
周转房——周转房摊销	核算周转房的摊销价值	
	借方	登记改变周转房用途，对外销售应冲减的已提摊销价值
	贷方	登记按月提取的在用周转房摊销价值
	余额	贷方余额反映在用周转房的累计已摊销价值

任务二　明细账簿的启用

任务导入

　　企业建账可分为两种情况，一是新设企业建账，二是老企业建账。按《中华人民共和国公司法》、《中华人民共和国会计法》、《中华人民共和国税收征收管理法》等法律法规的规定，企业在成立后即应建账建制。老会计从新设企业建账和老企业建账两个方面给小王做了讲解。

一、新企业账簿的建立

新企业在年度开始时，会计人员均应根据核算工作的需要设置相应明细账簿，即平常所说的"建账"。下面为您详细讲解企业刚成立时的建账流程。

1. 根据企业的规模等，选择适用《企业会计准则》、《企业会计制度》或《小企业会计准则》

2. 购买账簿

工业企业由于会计核算涉及内容多，又有成本归集与计算问题，所以工业企业建账是最复杂的，一般而言，工业企业应设置的账簿有：

(1) 现金日记账

一般企业只设 1 本现金日记账。但如有外币，则应就不同的币种分设现金日记账。

(2) 银行存款日记账

一般应根据每个银行账户单独设立 1 本账。如果企业只有 1 个基本账户，则就设 1 本银行存款日记账。

现金日记账和银行存款日记账均应使用订本账。根据单位业务量大小可以选择购买 100 页的或 200 页的。

(3) 总分类账

一般企业只设 1 本总分类账。采用订本式账簿登记，根据单位业务量大小可以选择购买 100 页的或 200 页的。这 1 本总分类账包含企业所设置的全部账户的总括信息。

(4) 明细分类账

明细分类账要使用活页的，所以不能直接买到现成的。存货类的明细账要用数量金额式的账页；收入、费用、成本类的明细账要用多栏式的账页；应交增值税的明细账单有账页；其他的基本全用三栏式账页。因此，我们要分别购买这 4 种账页，根据所需每种格式账页大概页数分别取部分出来，外加明细账封皮及经管人员一览表，再以鞋带系上即可。

当然，本数的多少依然是根据单位业务量等情况而不同。业务简单且很少的企业可以把所有的明细账户设在 1 本明细账上；业务多的企业可根据需要分别就资产、权益、损益类分 3 本明细账；也可单独就存货、往来各设 1 本；无固定情况，完全视企业管理需要来设。

明细账账页按资产、负债、所有者权益、成本、收入、费用的顺序把所需会计科目名称写在左（右）上角或中间的横线上，或直接加盖科目章，包括根据企业具体情况分别设置的明细科目名称。另外对于成本、收入、费用类明细账还需以多栏式分项目列示，如"管理费用"借方要分成：办公费、交通费、电话费、水电费、工资等项目列示，具体的是按企业管理需要，即费用的分项目列示，每个企业可以不相同。

3. 选科目

可以参照会计准则应用指南中的会计科目，结合自己单位所属行业及企业管理需要，依次从资产类、负债类、所有者权益类、成本类、损益类中选择出应设置的会计科目。

4.填制账簿内容

（1）封皮；

（2）扉页，或使用登记表，明细账名称经管人员一览表。

①单位或使用者名称，即会计主体名称，与公章内容一致；

②印鉴，即单位公章；

③使用账簿页数，在本年度结束（12月31日）据实填写；

④经管人员，盖相关人员个人名章。另外记账人员更换时，应在交接记录中填写交接人员姓名、经管人及交出时间和监交人员职务、姓名。

5.账簿的贴花

以上工作做完以后根据账簿性质贴上印花税并画双横线，除实收资本和资本公积的合计金额按万分之五贴花，其他账簿均按5元每本贴花。如天津海虹公司注册资金100万元，1000000元×0.5‰＝500元，应贴500元印花税。其他营业账簿按件贴花，每件5元。对会计核算采用单页表式记载资金活动情况，以表代账的，在未形成账簿前，暂不贴花，待装订成册时，按册贴花，如果车间、门市部、仓库设置的不属于会计核算范围或虽属于会计核算范围，但不记载金额的登记簿、统计簿、台账等，不贴花。

天津海虹公司资金账簿应贴花500元，这样贴花不方便，一般贴花超过500元的可向当地税务机关申请填写缴款书或者完税证，将其中一联贴在凭证上或者由税务机关在凭证上加注完税标记，代替贴花。

按件贴花的账簿，印花税票应粘贴在应纳税凭证上，并由纳税人在每枚税票的骑缝处盖戳注销，不准揭下重用。

如果明细账分若干本的话，还需在经管人员一览表中填列账簿名称。明细账账页应按资产、负债、所有者权益、成本、收入、费用的顺序把所需会计科目名称写在左（右）上角或中间的横线上，或直接加盖科目章，包括根据企业具体情况分别设置的明细科目名称。另外对于成本、收入、费用类明细账还需以多栏式分项目列示，如"管理费用"借方要分成：办公费、交通费、电话费、水电费、工资等项列示，具体的是按企业管理需要，即费用的分析项目列示，每个企业可以不相同。为了查找、登记方便，在设置明细账账页时，每一账户的第一张账页外侧粘贴口取纸，将各个账户错开粘贴。当然口取纸上也要写出会计科目名称。一般只写一级科目。另外，也可将资产、负债、所有者权益、收入、费用按红、蓝两种不同颜色区分开。

知识窗

大多数会计都有在账本上贴口取纸的习惯，这样的确便于明细账的查找，但若不

加选择地全部粘贴，既不美观，也不便于明细账的查找。比较实用的法是：对于明细科目较多的账本，可贴；明细科目较少的账本，则以使用账簿的目录为宜。粘贴口取纸的作用是便于快速查找到所需要的账页。

取纸粘贴规范：

①明细账簿应该粘贴口取纸；

②按账页顺序由前往后，自上而下地粘贴；

③全部口取纸应该整齐、均匀，并显露出科目名称；

④口取纸应在账簿右侧粘贴。

二、老企业账簿的建立

1. 应该重新建账的

总账、日记账和多数明细账应每年更换一次，即新的年度开始时都需要重新建账。

2. 可以不重新建账的

有些明细账也可以继续使用，如财产物资明细账和债权、债务明细账等，由于材料等财产物资的品种、规格繁多，债权债务单位也较多，如果更换新账，重抄一遍的工作量相当大，因此，可以跨年度使用，不必每年更换一次；固定资产卡片等卡片式账簿及各种备查账簿，也都可以跨年度连续使用。

3. 重新建账的具体做法

（1）根据所需购买总账、现金和银行存款日记账，设置明细账；

（2）填制账簿内容。

①封皮；

②扉页，或使用登记表，明细账名称经管人员一览表；

③总分类账的账户目录；

④账页。

以上与企业刚成立一致，只是多一步登记期初余额。不必填制记账凭证，为了衔接，直接将上年该账户的余额，抄入新账户所开第一页的首行，也就是直接"过账"。

A. 现金日记账和银行存款日记账

·"日期"栏内，写上"1月1日"或空着；

·"摘要"栏内写上"上年结转"或"期初余额"或"年初余额"字样；

·将现金实有数和上年年末银行存款账面数填在"余额"栏内。

B. 非损益类总账和明细账

·只是比日记账多一项余额方向的列示。即在余额列前要表明"借"或"贷"字。

三、明细账簿的启用步骤

第一步：按照需用的各种账簿的格式要求，预备各种账页，并将活页的账页用账夹装订成册，如图 2-1 所示。

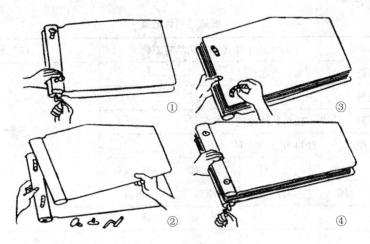

图 2-1　账簿的装订

第二步：在明细账簿封面的卡片上填写账簿名称，如图 2-2 所示。

成本费用明细账

图 2-2　账簿的封面标签

第三步：填写账簿启用表。在账簿的"启用表"上，写明单位名称、账簿名称、册数、编号、起止页数、启用日期以及记账人员和会计主管人员姓名，并加盖名章和单位公章。记账人员或会计主管人员在本年度调动工作时，应注明交接日期、接办人员和监交人员姓名，并由交接双方签名或盖章，以明确经济责任。

第四步：在账簿启用表规定位置加盖公章，粘贴印花税票，并画线注销，如表 2-9所示。

表 2-9　　　　　　　　　　　账簿启用登记录

用者名称	石家庄市厚普文化用品有限公司 林绍潼			印 鉴	
账簿名称	明细分类账				
账簿编号	第 1 号				
账簿页数	本账簿共计使用 100 页				
启用日期	2014 年 1 月 1 日				
责任者 盖章	主 管	会 计	记 账	审 核	
	周阳	林绍潼	李萌	孙霞	

		交 接 记 录			
姓名	交接日期		交接盖章	监 交 人 员	
				职务	姓名
林绍潼	经管 2014 年 1 月 1 日			会计主管	周阳
	交出　　年　月　日				
	经管　　年　月　日				
	交出　　年　月　日				
	经管　　年　月　日				
	交出　　年　月　日				
	经管　　年　月　日				
	交出　　年　月　日				
印花税票					

请根据给出的内容，填写三栏式明细账的账簿启用及交接表。

北京南方股份有限公司 2013 年 8 月 1 日开始建账，相关人员如下：

财务经理：林玲；主办会计：陈建章；复核：马明；记账：张翔；账簿编号 05。

第一册，如表 2-10 所示。

表 2-10　　　　　　　　　　　账簿启用登记表

机构名称	北京南方股份有限公司							印　鉴	
账簿名称	三栏式明细账						（第一册）		
账簿编号	05								
账簿页数	本账共计　　页（ 本账簿页数　　　　　　检点人盖章 　　　　　）								
启用日期	公元 2013 年 08 月 01 日								

经管人员	负责人		主办会计		复核		记账	
	姓名	盖章	姓名	盖章	姓名	盖章	姓名	盖章
	林玲	林玲	陈建章	陈建章	马明	马明	张翔	张翔

接交记录	经管人员		接管				交出			
	职别	姓名	年	月	日	盖章	年	月	日	盖章

备注	

填一填练一练

北京大山有限公司于 2013 年 1 月 1 日成立，公司的记账人员是王晓，审核人员是黄薇，主管人员是孙晨，会计人员是代军，请根据给出的资料，填写账簿启用表。

表 2-11　　　　　　　　　　账簿启用表

使用者名称				印　鉴	
账簿名称					
账簿编号	第　　号				
账簿页数	本账簿共计使用　页				
启用日期	年　　月　　日				
责任者盖章	主　管	会　计	记　账	审　核	

<table>
<tr><td colspan="5" align="center">交　接　记　录</td></tr>
<tr><td rowspan="2">姓名</td><td rowspan="2">交接日期</td><td rowspan="2">交接盖章</td><td colspan="2">监　交　人　员</td></tr>
<tr><td>职务</td><td>姓名</td></tr>
<tr><td rowspan="2">林绍潼</td><td>经管　年　月　日</td><td></td><td></td><td></td></tr>
<tr><td>交出　年　月　日</td><td></td><td></td><td></td></tr>
<tr><td rowspan="2"></td><td>经管　年　月　日</td><td></td><td></td><td></td></tr>
<tr><td>交出　年　月　日</td><td></td><td></td><td></td></tr>
<tr><td rowspan="2"></td><td>经管　年　月　日</td><td></td><td></td><td></td></tr>
<tr><td>交出　年　月　日</td><td></td><td></td><td></td></tr>
<tr><td rowspan="2"></td><td>经管　年　月　日</td><td></td><td></td><td></td></tr>
<tr><td>交出　年　月　日</td><td></td><td></td><td></td></tr>
<tr><td>印花税票</td><td colspan="4" align="center"></td></tr>
</table>

项目三　登账训练

知识与技能目标

1. 熟悉明细分类账簿的登记要求；
2. 了解不同账簿格式的特点；
3. 会登记不同格式的明细分类账。

过程与方法

理解会计账簿在会计核算工作中所处的关键位置，知道正确登记账簿的重要性。通过观看、练习会计账簿登记的过程，分析、总结归纳不同格式的明细账簿的登记要点和登记技巧。

情感态度与价值观

理论联系实际，在实践中锤炼提高。要把登账学习中的困难当作一种考验和磨炼。体验账簿与生活和工作的关系，循序渐进，培养认真细致的职业习惯。

会计人员快乐工作法

制订合理的学习目标、考证计划，化压力为动力，对于会计职称、注册会计师、内部审计资格等，努力学习、尽力考取，但不要过于苛求，应做到知足常乐。

任务一　登账的相关知识

任务导入

老会计告诉小王建账完毕，就应该把期初余额和发生的业务及时登记入账。

明细分类账作为重要的会计档案资料和会计信息的主要存储工具，必须按规定的方法，依据审核无误的记账凭证进行登记。在明细分类账的登账过程中应注意以下几点：

（1）登记账簿时，将会计凭证日期、编号、业务内容摘要、金额和其他有关资料逐项登记入账，做到数字准确；摘要清楚；登记及时。

（2）登记完毕后，要在会计凭证上签名或盖章，并在记账凭证中的"记账符号"栏注明已经登账的符号（如"√"），表示已经记账。

（3）账簿中书写的文字和数字上面要留适当空距，不要写满格，一般应占格长的1/2。

（4）登记账簿要用蓝黑或黑色墨水笔书写，不得使用圆珠笔（银行的复写账簿除外）或铅笔书写。但下列情况可以用红色墨水笔记账：一是按照红字冲账的记账凭证，冲销错误记录；二是在不设借贷等多栏式账页中，登记减少数；三是在三栏式账户的余额栏前，如未印余额方向，在余额栏内登记负数余额；四是《企业会计制度》中规定用红字登记的其他记录。

（5）各种账簿按页次顺序连续登记，不得跳行、隔页。如果发生跳行、隔页，应将空行、空页画线注销，或注明"此行空白"或"此页空白"字样，并由记账人员签名或盖章。

（6）凡需要结出余额的账户，结出余额后，应在"借或贷"等栏内写明"借"或"贷"等字样。没有余额的账户，应在借或贷等栏内写"平"字，并在余额栏内用"θ"表示。

（7）每一账页登记完毕结转下页时，应结出本页合计数及余额，写在本页最后一行和下页第一行有关栏内，并在本页的摘要栏内注明"过次页"字样，在次页的摘要栏内注明"承前页"字样。

（8）由于记账凭证错误而导致账簿记录发生错误，应按已经更正的记账凭证登记账簿，进行更正。

（9）明细账簿使用活页式账簿，在登账的过程中不得随意抽换账页。

（10）记账要保持清晰、整洁，记账文字和数字都要端正、清楚，严谨刮擦、挖补、涂改或用药水消除字迹。

任务二　明细账的具体应用

任务导入

填好账簿启用登记表，接下来就是明细账的账页内容了。老会计给了小王一套资料，让我们一起来跟小王学习吧。

一、明细账的登记步骤

明细账登记步骤如图 3-1 所示。

图 3-1　明细账登记步骤

二、三栏式明细账的应用

三栏式明细账的基本结构为"借方"、"贷方"和"余额"三栏，分别登记金额的增加、减少和结余，不设数量栏。这种格式的明细账只适用于登记金额，不反映数量，如"应收账款"、"应付账款"等明细账，可采用此种格式。

三栏式明细账的登记方法是：根据记账凭证及其所附原始凭证汇总表逐日逐笔进行借方、贷方金额登记，而后结出余额。如为借方余额，在"借或贷"栏目中填写"借"字；如为贷方余额，在"借或贷"栏目中填写"贷"字。

三栏式明细账通常由会计人员根据审核后的记账凭证，逐日逐笔序时登记。登记三栏式明细账的具体要求是：

（1）根据审核无误的记账凭证记账。

（2）所记载的内容必须同会计凭证相一致，不得随便增减。

（3）逐笔、序时登记明细账，做到日清月结。

（4）必须连续登记，不得跳行、不得随便更换账页和撕去账页。

（5）文字和数字必须整洁清晰，准确无误。

（6）使用钢笔，以蓝、黑色墨水书写，不得使用圆珠笔或铅笔书写。但按规定用红字冲销错误记录及会计制度中规定用红字登记的业务可以用红色墨水记账。

（7）每一账页记完后，必须按规定转页。在每一账页登记完毕结转下页时，应结出本页发生额合计数及余额，写在本页最后一行和下页第一行的有关栏内，并在摘要栏注明"过次页"和"承前页"字样。

（8）记录发生错误时，必须按规定方法更正。

【规范示例】

北京化工有限公司 2013 年 4 月初的"应收账款——大光公司"账户期初余额借方为 70000.00 元；本期发生的经济业务如表 3-1 至表 3-4 所示，请根据相关资料登记"应收账款——大光公司"明细账。

表 3-1　　　　　　　　　大光公司转账凭证 A

转 账 凭 证

转字第 12 号

2013年04月12日

摘　要	总账科目	明细科目	借方金额										贷方金额										√
			亿	千	百	十	万	千	百	十	元	角	分	亿	千	百	十	万	千	百	十	元	角	分	
销售二丙烯基醚产品	应收账款	大光公司				4	7	2	0	0	0	0													□
	主营业务收入	二丙烯基醚产品														4	0	0	0	0	0	0	□
	应交税费	应交增值税（销）														6	8	0	0	0	0	□
	银行存款															4	0	0	0	0	□
																				□
																			□
合　计			¥4	7	2	0	0	0	0		¥4	7	2	0	0	0	0	□

附单据3张

会计主管：　　记账：　　出纳：　　复核：王二　　制单：崔亮

表 3-2　　　　　　　　　大光公司收款凭证

收 款 凭 证

银收字第 13 号

借方科目：银行存款　　　　2013年04月15日

摘要	对方科目		借或贷	金额									√
	总账科目	明细科目		千	百	十	万	千	百	十	元	角	分	
收到上月欠款	应收账款	大光公司	贷	4	0	0	0	0	0	0	□
										□
									□
								□
							□
合　计				¥4	0	0	0	0	0	0	□

附单据1张

会计主管：　　记账：　　出纳：　　复核：王二　　制单：崔亮

表 3-3　　　　　　　　　大光公司转账凭证 B

转 账 凭 证

转字第 17 号

2013年04月16日

摘要	总账科目	明细科目	借方金额										贷方金额										√
			亿	千	百	十	万	千	百	十	元	角	分	亿	千	百	十	万	千	百	十	元	角	分	
销售二丙烯基醚产品	应收账款	大光公司				2	3	4	0	0	0	0											□
	主营业务收入	二丙烯基醚产品													2	0	0	0	0	0	0	□
	应交税费	应交增值税(销)														3	4	0	0	0	0	□
															□
												□
合　计			¥2	3	4	0	0	0	0		¥2	3	4	0	0	0	0	□

附单据2张

会计主管：　　记账：　　出纳：　　复核：王二　　制单：崔亮

表3-4　　　　　　　　　　　　　　　　大光公司应收账款明细账

分页:_____ 总页:_____

应收账款明细账

一级科目:应收账款　　　　　　　　　　二级科目:大光公司

2013年		凭证		摘　要	日页	借　方	贷　方	借或贷	余　额
月	日	种类	号数			百十万千百十元角分	百十万千百十元角分		百十万千百十元角分
04	01			期初余额				借	7 0 0 0 0 0 0
04	12	转	12	销售二丙烯基醚产品		4 7 2 0 0 0 0		借	1 1 7 2 0 0 0 0
04	15	收	13	收到上月欠款			4 0 0 0 0 0 0	借	7 7 0 0 0 0 0
04	16	转	17	销售二丙烯基醚产品		2 3 4 0 0 0 0		借	1 0 0 6 0 0 0 0

【填制说明】

明细账填制说明如表3-5所示。

表3-5　　　　　　　　　　　　　　　　明细账填制说明

分页:② 总页:_____

①

③级科目:　④　　　　　　　　　　⑤级科目:　⑥

年		凭证		摘　　要	日页	借　方	贷　方	借或贷	余　额
月	日	种类	号数			百十万千百十元角分	百十万千百十元角分		百十万千百十元角分
⑦		⑧		⑨	⑩	⑪	⑪	⑫	⑬

①填写明细账的名称,如应收账款明细账;

②填写明细账本的顺序;

③填写科目的级别,如"一"字;

④填写相应科目的名称;

⑤填写科目的级别,如"二"字;

⑥填写相应科目的名称;

⑦根据记账凭证上的时间来填写;

⑧根据记账凭证上的凭证类型与编号来填写;

⑨根据记账凭证上的摘要来填写;

⑩填写账簿的页数;

⑪根据记账凭证上的金额来填写;

⑫根据余额的方向进行判断,填写"借"或"贷",如果没有余额,则填写"平"字;

⑬根据公式:本日余额＝上日余额＋本日收入额－本日支出额,进行计算填写,如果没有余额,则填写"0"字。

三、多栏式明细账的应用

多栏式明细账是根据企业经济业务和经营管理的需要,以及业务的性质和特点,在一张账页内设若干专栏,集中反映某一总账的各明细核算的详细资料。这种格式的明细账适用于费用、成本和收入成果等科目的明细核算,如"管理费用"、"生产成本"等科目都可以采用这种格式进行明细核算。

多栏式明细账的登记方法是:根据记账凭证及其所附原始凭证汇总表逐日逐笔进行借方、贷方金额登记,而后结出余额。如为借方余额,在"借或贷"栏目中填写"借"字;如为贷方余额,在"借或贷"栏目中填写"贷"字。

多栏式明细账通常由会计人员根据审核后的记账凭证,逐日逐笔序时登记。登记多栏式明细账的具体要求是:

(1)根据审核无误的记账凭证记账。

(2)所记载的内容必须同会计凭证一致,不得随便增减。

(3)逐笔、序时登记明细账,做到日清月结。

(4)必须连续登记,不得跳行、不得随便更换账页和撕去账页。

(5)文字和数字必须整洁清晰,准确无误。

(6)使用钢笔,以蓝、黑色墨水书写,不得使用圆珠笔或铅笔书写。但按规定用红字冲销错误记录及会计制度中规定用红字登记的业务可以用红色墨水记账。

(7)每一账页记完后,必须按规定转页。在每一账页登记完毕结转下页时,应结出本页发生额合计数及余额,写在本页最后一行和下页第一行的有关栏内,并在摘要栏注明"过次页"和"承前页"字样。

【规范实例】

2013年4月北京化工有限公司根据相关资料登记1—10日管理费用明细账,如表3-6所示。(4月初办公费本年累计发生额1370.00元,修理费本年累计发生额1115.00元,通讯费本年累计发生额3486.60元,水电费本年累计发生额4850.00元)

表3－6

分页：_2_____总页：_15_____

一级科目：　管理费用

二级科目：

管理费用明细账

2013年		凭证号数	摘要	办公费 (十万千百十元角分)	修理费 (十万千百十元角分)	通讯费 (十万千百十元角分)	水电费 (十万千百十元角分)	(十万千百十元角分)	(十万千百十元角分)
月	日								
04	01		承前页	1 3 7 0 0 0	1 1 1 5 0 0	3 4 8 6 6 0	4 8 5 0 0 0		
04	02	现付04号	报销共公用品费用	3 9 0 0 0					
04	04	现付11号	支付大公室用品维修费用		5 8 5 0 0				
04	02	现付22号	报销上月座机通讯费			1 1 3 0 5 0			
04	09	现付29号	支付上月水电费				1 5 7 0 0 0		

原始单据，如表 3-7 至表 3-11 所示。

表 3-7   **付款凭证 A**

付 款 凭 证

贷方科目：库存现金   2013年04月02日   现付字第 04 号

摘　要	借方科目		记账	金额									
	总账科目	明细科目		千	百	十	万	千	百	十	元	角	分
报销办公用品费用	管理费用	办公用品	☐					3	9	0	0	0
			☐										
			☐										
			☐										
			☐										
			☐										
合　　　计			☐					¥	3	9	0	0	0

附单据2张

会计主管：　　记账：　　出纳：马峰　　复核：王二　　制单：崔亮

表 3-8   **付款凭证 B**

付 款 凭 证

贷方科目：银行存款   2013年04月04日   银付字第 11 号

摘　要	借方科目		记账	金额									
	总账科目	明细科目		千	百	十	万	千	百	十	元	角	分
支付办会室用品维修费用	管理费用	修理费	☐					5	8	5	0	0
			☐										
			☐										
			☐										
			☐										
			☐										
合　　　计			☐					¥	5	8	5	0	0

附单据2张

会计主管：　　记账：　　出纳：马峰　　复核：王二　　制单：崔亮

表3－9 付款凭证C

付 款 凭 证

贷方科目：银行存款　　　　　　　　2013年04月07日　　　　　　银付字第 22 号

摘　要	借方科目		记账	金　额
	总账科目	明细科目		千百十万千百十元角分
报销上月座机通讯费	管理费用	通讯费	☐	1 1 3 0 5 0
			☐	
			☐	
			☐	
			☐	
			☐	
合　　　计			☐	¥ 1 1 3 0 5 0

附单据2张

会计主管：　记账：　出纳：马峰　复核：王二　制单：崔亮

表3－10 付款凭证D

付 款 凭 证

贷方科目：银行存款　　　　　　　　2013年04月09日　　　　　　银付字第 29 号

摘　要	借方科目		记账	金　额
	总账科目	明细科目		千百十万千百十元角分
支付上月水电费	制造费用	水电费	☐	7 8 4 0 0 0
	应交税费	应交增值税（进项税额）	☐	1 3 3 2 8 0
	管理费用	水电费	☐	1 5 7 0 0 0
			☐	
			☐	
			☐	
合　　　计			☐	¥ 1 0 7 4 2 8 0

附单据2张

会计主管：　记账：　出纳：马峰　复核：王二　制单：崔亮

【填制说明】

管理费用明细账如表3-11所示。

表3-11　　　　　　　　　　　管理费用明细账

分页：②　总页：_____

___①___

_____③_____ 级科目：_____③_____
_____③_____ 级科目：_____③_____

年 月 日 ④	凭证号数	摘要	⑦ (千百十万千百十元角分)	⑦ (千百十万千百十元角分)	⑦ (千百十万千百十元角分)	⑦ (千百十万千百十元角分)	⑦ (千百十万千百十元角分)	(千百十万千百十元角分)
⑤		⑥	⑧	⑧	⑧	⑧	⑧	

①填写明细账的名称，如管理费用明细账；

②根据明细账本的顺序进行；

③填写明细账所涉及科目的级别及名称；

④根据记账凭证上的时间来填写；

⑤根据记账凭证上的凭证类型与编号来填写；

⑥根据记账凭证上的摘要来填写（如果涉及结转合计金额时，请参考"单据介绍"的相关内容）；

⑦根据企业某一总账科目所涉及的所有明细科目进行填写；

⑧根据记账凭证上的明细科目的金额在相应的位置进行填写。

四、数量金额明细账的应用

数量金额明细账是对具有实物形态的财产物资进行明细核算的账册，在收入、发出和结存都分别设有数量、单价和金额三个专栏。这种格式的明细账适用于既需要反映金额，又需要反映数量的经济业务，如对"原材料""库存商品"等总账科目的明细分类核算，采用数量金额式明细账。

数量金额式明细账是由会计人员根据审核无误的记账凭证及所附的原始凭证，按经济业务发生的时间先后顺序逐日逐笔进行登记的。

登记数量金额式明细账的具体要求是：

（1）根据复核无误的记账凭证记账。

（2）所记载的内容必须同会计凭证相一致，不得随便增减。

（3）逐笔、序时登记明细账。

（4）必须连续登记，不得跳行、隔页，不得随意更换账页和撕去账页。

（5）文字和数字必须整洁清晰，准确无误。

（6）使用钢笔，以蓝、黑色墨水书写，不得使用圆珠笔或铅笔书写。但按规定用红字冲销错误记录及会计制作中规定用红字登记的业务可以用红色墨水记账。

（7）每一账页记完后，必须按规定转页。在每一账页登记完毕结转下页时，应结出本页发生额合计数及余额，写在本页最后一行和下页第一行的有关栏内，并在摘要栏注明"过次页"和"承前页"字样。

（8）记录发生错误时，必须按规定方法更正。

【规范实例】

2013 年 4 月初北京化工有限公司的"原材料—乙烯"账户期初余额借方为120000.00 元、数量为 600 吨，单价 200.00 元（本公司材料领用按先进先出法核算），如表 3-12 所示。根据相关资料登记"原材料—乙烯"明细账并进行结账。（提示：乙烯所有的进价和出库单价都是 200 元/吨）

表3-12

最高存量：2500　　最低存量：500　　储备天数：10　　存放地点：五号仓库　　计量单位：吨　　编号、名称：乙烯　　规格：ISKG244　　分页：　总页：　类别：

原材料明细账

2013年 月	日	凭证字号	摘要	收入 数量	收入 单价	收入 金额	付出 数量	付出 单价	付出 金额	结存 数量	结存 单价	结存 金额
04	01		期初余额							600.00	200.00	120000
04	02	银付2	购进乙烯	200	200	40000				800.00	200.00	160000
04	04	转4	购进乙烯	400	200	80000				1200.00	200.00	240000
04	04	转6	购进乙烯	600	200	120000				1800.00	200.00	360000
04	15	转16	领用乙烯				800	200	160000	1000.00	200.00	200000

原始单据如表3-13至表3-17所示。

表3-13 　　　　　　　　　　付款凭证

银付字第 2 号

贷方科目：银行存款　　　　　　2013年04月02日

| 摘　要 | 对 方 科 目 | | 借或贷 | 金 额 | √ |
	总账科目	明细科目		千百十万千百十元角分	
购进乙烯（数量200吨，单价200元）	原材料	乙烯	借	4 0 0 0 0 0 0	□ 附
	应交税费	应交增值税（进项税额）	借	6 8 0 0 0 0	□ 单 据
					□ 3 张
					□
					□
					□
合　　　计				¥4 6 8 0 0 0 0	□

会计主管：　记账：　出纳：　复核：王二　制单：崔亮　受款人：

表3-14 　　　　　　　　　转账凭证A

转 账 凭 证

转字第 4 号

2013年04月04日

| 摘　要 | 总账科目 | 明细科目 | 借 方 金 额 | 贷 方 金 额 | √ |
			亿千百十万千百十元角分	亿千百十万千百十元角分	
购进乙烯（数量400吨、单价200元）	原材料	乙稀	8 0 0 0 0 0		□ 附
	应交税费	应交增值税（进项税额）	1 3 6 0 0 0 0		□ 单 据
	应付账款	兰大公司		9 3 6 0 0 0 0	□ 2 张
					□
					□
					□
合　　　计			¥9 3 6 0 0 0 0	¥9 3 6 0 0 0 0	□

会计主管：　记账：　出纳：　复核：王二　制单：崔亮

表3－15 　　　　　　　　　　　　　转账凭证B

转 账 凭 证

转字第 6 号

2013年04月05日

摘　　要	总账科目	明细科目	借方金额 亿千百十万千百十元角分	贷方金额 亿千百十万千百十元角分	√
购进乙烯（数量600吨、单价200元）	原材料	乙稀	1 2 0 0 0 0 0 0		☐
	应交税费	应交增值税（进项税额）	2 0 4 0 0 0 0		☐ 附单据2张
	应付账款	美达公司		1 4 0 4 0 0 0 0	☐
					☐
					☐
					☐
合　　　　　计			¥1 4 0 4 0 0 0 0	¥1 4 0 4 0 0 0 0	☐

会计主管：　　记账：　　出纳：　　复核：王二　制单：崔亮

表3－16 　　　　　　　　　　　　　转账凭证C

转 账 凭 证

转字第 16 号

2013年04月15日

摘　　要	总账科目	明细科目	借方金额 亿千百十万千百十元角分	贷方金额 亿千百十万千百十元角分	√
购进乙烯（数量800吨、单价200元）	生产成本		1 6 0 0 0 0 0 0		☐
	原材料	乙稀		1 6 0 0 0 0 0 0	☐ 附单据1张
					☐
					☐
					☐
合　　　　　计			¥1 6 0 0 0 0 0 0	¥1 6 0 0 0 0 0 0	☐

会计主管：　　记账：　　出纳：　　复核：王二　制单：崔亮

【填制说明】

明细账填制说明如表 3-17 所示。

表3－20　　　　　　　　　　　记账凭证C

记 账 凭 证

2014年1月20日　　　记 字 第 03 号

摘要	会计科目	明细科目	借方金额										贷方科目										记账
			亿	千	百	十	万	千	百	十	元	角	分	亿	千	百	十	万	千	百	十	元	角	分	
偿还前欠货款	应付账款	A工厂				2	0	0	0	0	0	0													
	应付账款	B工厂				3	0	0	0	0	0	0													
	银行存款																	5	0	0	0	0	0	0	
合计				￥	5	0	0	0	0	0	0				￥	5	0	0	0	0	0	0		

附单据2张

会计主管：　　　　　　审核：王芳　　　　　　制证：李丹　　　　　记账：

　　（4）1月26日，生产车间为生产产品从仓库领用甲材料1000千克，金额为10000元；领用乙材料100吨，金额为30000元。

　　对发生的该交易或事项，企业应编制记账凭证如表3－21所示。

表3－21　　　　　　　　　　　记账凭证D

记 账 凭 证

2014年1月26日　　　记 字 第 04 号

摘要	会计科目	明细科目	借方金额										贷方科目										记账
			亿	千	百	十	万	千	百	十	元	角	分	亿	千	百	十	万	千	百	十	元	角	分	
领料	生产成本					4	0	0	0	0	0	0													
	原材料	甲材料																1	0	0	0	0	0	0	
	原材料	乙材料																3	0	0	0	0	0	0	
合计					￥	4	0	0	0	0	0	0				￥	4	0	0	0	0	0	0		

附单据1张

会计主管：　　　　　　审核：王芳　　　　　　制证：李丹　　　　　记账：

　　（5）1月27日，用现金购买办公用品打印纸，金额为50元。对发生的该交易或事项，企业应编制记账凭证如表3－22所示。

表3－22　　　　　　　　　　　　**记账凭证E**

记 账 凭 证

2014年1月27日　　　　　　　　记　字 第 05 号

摘要	会计科目	明细科目	借方金额										贷方科目										记账
			亿	千	百	十	万	千	百	十	元	角	分	亿	千	百	十	万	千	百	十	元	角	分	
购买办公品	管理费用	办公费							5	0	0	0													附单据1张
	库存现金																			5	0	0	0		
	合计							¥	5	0	0	0							¥	5	0	0	0		

会计主管：　　　　　审核：王芳　　　　　制证：李丹　　　　　记账：韩利

（6）1月28日，办公室人员张雪出差回来，报销差旅费800元。对发生的该交易或事项，企业应编制记账凭证如表3－23所示。

表3－23　　　　　　　　　　　　**记账凭证F**

记 账 凭 证

2014年1月28日　　　　　　　　记　字 第 06 号

摘要	会计科目	明细科目	借方金额										贷方科目										记账
			亿	千	百	十	万	千	百	十	元	角	分	亿	千	百	十	万	千	百	十	元	角	分	
报销差旅费	管理费用	差旅费							8	0	0	0	0												附单据5张
	其他应收款	张雪																	8	0	0	0	0		
	合计							¥	8	0	0	0	0						¥	8	0	0	0	0	

会计主管：　　　　　审核：王芳　　　　　制证：李丹　　　　　记账：韩利

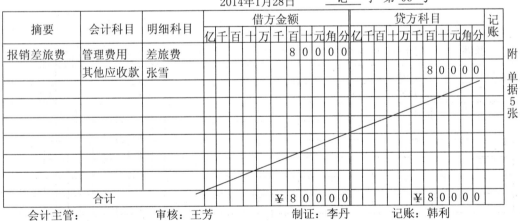

根据上述资料登记"应付账款""管理费用"和"原材料"所属的明细账。

（1）确定记账无误，根据记账凭证上的内容登记相应明细账，如表3－24至表3－28所示。

表3-24 原材料明细账A

明细账户：甲材料　　　　　　　　　　　　　计量单位：千克　　金额：元

2014年		凭证号数	摘要	收入			发出			结存		
月	日			数量	单价	金额	数量	单价	金额	数量	单价	金额
1	1		期初余额							2000	10	20000
1	9	(1)	购入材料	500	10	5000				2500	10	25000
1	12	(2)	购入材料	400	10	4000				2900	10	29000
1	26	(4)	生产领料				1000	10	10000	1900	10	19000

表3-25 原材料明细账B

明细账户：乙材料　　　　　　　　　　　　　计量单位：吨　　金额：元

2014年		凭证号数	摘要	收入			发出			结存		
月	日			数量	单价	金额	数量	单价	金额	数量	单价	金额
1	1		期初余额							50	300	15000
1	9	(1)	购入材料	100	300	30000				150	300	45000
1	12	(2)	购入材料	50	300	15000				200	300	60000
1	26	(4)	生产领料				100	300	30000	100	300	30000

表3-26 应付账款明细账A

一级科目：应付账款　　　　　　　　　　　　二级科目：A工厂

2014年		凭证		摘要	日页	借方										贷方										借或贷	余额									
月	日	种类	号数			百	十	万	千	百	十	元	角	分	百	十	万	千	百	十	元	角	分		百	十	万	千	百	十	元	角	分
1	1			期初余额																				贷			6	0	0	0	0		
	9	记	1	购料欠款													5	0	0	0	0	0		贷		1	1	0	0	0	0		
	12	记	2	购料欠款													1	9	0	0	0	0		贷		3	0	0	0	0	0		
	20	记	3	偿还欠款				2	0	0	0	0	0											贷		1	0	0	0	0	0		

表3-27 应付账款明细账B

一级科目：应付账款　　　　　　　　　　　　二级科目：B工厂

2014年		凭证		摘要	日页	借方										贷方										借或贷	余额									
月	日	种类	号数			百	十	万	千	百	十	元	角	分	百	十	万	千	百	十	元	角	分		百	十	万	千	百	十	元	角	分
1	1			期初余额																				贷			4	0	0	0	0		
	9	记	1	购料欠款													3	0	0	0	0	0		贷		3	4	0	0	0	0		
	20	记	3	偿还欠款				3	0	0	0	0	0											贷			4	0	0	0	0		

表3－28　　　　　　　　　管理费用明细账

科目___管理费用___

2014年		凭证编号	摘　要	借方	贷方	余额	（借）方金额分析	
月	日						办公费	差旅费
1	27	记05	购买办公用品	5000		5000	5000	
1	28	记06	报销差旅费	80000		80000		80000

（2）登账完毕，在凭证上注明记账符号，并签章，如表3－29至表3－34所示。

表3－29　　　　　　　　　记账凭证A

记 账 凭 证

2014年 1月9日　　　　___记___字 第　01　号

摘要	会计科目	明细科目	借方金额	贷方科目	记账	
购入材料	原材料	甲材料	5000000		√	附单据4张
	原材料	乙材料	3000000		√	
	应付账款	A工厂		5000000	√	
	应付账款	B工厂		3000000	√	
	合计		¥3500000	¥3500000		

会计主管：　　　审核：王芳　　　制证：李丹　　　记账：韩利

58

表3－30

记账凭证B

记 账 凭 证

2014年 1 月 12 日　　记 字 第　2　号

摘要	会计科目	明细科目	借方金额 亿千百十万千百十元角分	贷方科目 亿千百十万千百十元角分	记账
购入材料	原材料	甲材料	4 0 0 0 0 0 0		√
	原材料	乙材料	1 5 0 0 0 0 0		√
	应付账款	A工厂		1 9 0 0 0 0 0	√
合计			¥1 9 0 0 0 0 0	¥1 9 0 0 0 0 0	

附单据2张

会计主管：　　　　审核：王芳　　　　制证：李丹　　　　记账：韩利

表3－31

记账凭证C

记 账 凭 证

2014年 1 月 20 日　　记 字 第　03　号

摘要	会计科目	明细科目	借方金额 亿千百十万千百十元角分	贷方科目 亿千百十万千百十元角分	记账
偿还前欠货款	应付账款	A工厂	2 0 0 0 0 0 0		√
	应付账款	B工厂	3 0 0 0 0 0 0		√
	银行存款			5 0 0 0 0 0 0	√
合计			¥5 0 0 0 0 0 0	¥5 0 0 0 0 0 0	

附单据2张

会计主管：　　　　审核：王芳　　　　制证：李丹　　　　记账：韩利

表3-32 记账凭证D

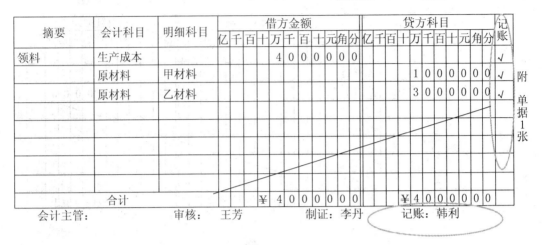

记 账 凭 证

2014年 1 月 26 日　　记 字 第　04　号

摘要	会计科目	明细科目	借方金额											贷方科目											记账	
			亿	千	百	十	万	千	百	十	元	角	分	亿	千	百	十	万	千	百	十	元	角	分		
领料	生产成本					4	0	0	0	0	0	0													✓	
	原材料	甲材料															1	0	0	0	0	0	0	✓	
	原材料	乙材料															3	0	0	0	0	0	0	✓	
	合计			¥	4	0	0	0	0	0	0				¥	4	0	0	0	0	0	0			

会计主管：　　　　审核：王芳　　　　制证：李丹　　　　记账：韩利

附单据1张

表3-33 记账凭证E

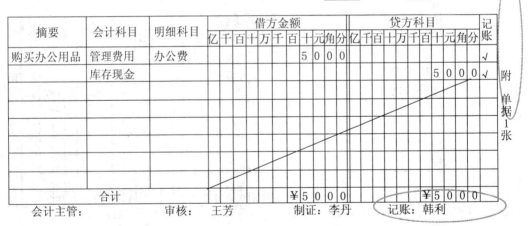

记 账 凭 证

2014年 1 月 27 日　记 字 第　05　号

摘要	会计科目	明细科目	借方金额											贷方科目											记账	
			亿	千	百	十	万	千	百	十	元	角	分	亿	千	百	十	万	千	百	十	元	角	分		
购买办公用品	管理费用	办公费							5	0	0	0													✓	
	库存现金																			5	0	0	0	✓	
	合计							¥	5	0	0	0							¥	5	0	0	0			

会计主管：　　　　审核：王芳　　　　制证：李丹　　　　记账：韩利

附单据1张

表3－34 记账凭证F

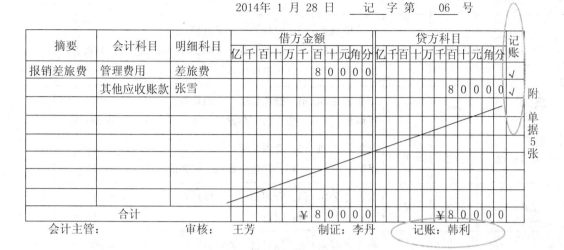

记 账 凭 证

2014年 1 月 28 日 ＿记＿字第 ＿06＿ 号

摘要	会计科目	明细科目	借方金额											贷方科目											记账
---	---	---	亿	千	百	十	万	千	百	十	元	角	分	亿	千	百	十	万	千	百	十	元	角	分	
报销差旅费	管理费用	差旅费					8	0	0	0	0														√
	其他应收账款	张雪																8	0	0	0	0			√
	合计						¥	8	0	0	0	0						¥	8	0	0	0	0		

附单据5张

会计主管: 审核: 王芳 制证:李丹 记账:韩利

【练－练】

企业 2014 年 12 月明细账户的期初余额如下:

原材料——甲材料　　22 吨　　　总价值 2 200.00 元（借）

　　　——乙材料　　3 吨　　　总价值 1 860.00 元（借）

其他应收款——李建国　　23 000 元（借）

　　　——张楷　　6 670 元（借）

12 月发生的经济业务所编制的记账凭证如表 3－35 所示，请根据所给出的相关内容完成其他应收款、管理费用、原材料明细账的登记。

表 3－35 记账凭证

日期	凭证字号	附件张数	摘要	会计分录	记账√
2014.12.1	转3	8	经理报销	借：管理费用——差旅费　　23 858.00 　贷：其他应收款——李建国　　23 000.00 　　　库存现金　　858.00	√
2014.12.2	转5	2	购办公用品	借：管理费用——办公费　　200.00 　贷：银行存款　　200.00	√ √
2014.12.2	转9	2	付复印机维修费	借：管理费用——办公费　　5 800.00 　贷：银行存款　　5 800.00	√ √

续　表

日期	凭证字号	附件张数	摘要	会计分录	记账√
2014.12.20	转20	1	购入甲材料80吨，每吨100元	借：原材料——甲材料　　　8 000.00 　　　应交税费——应交增值税（进）　1 360.00 　贷：银行存款　　　　　　　9 360.00	√ √ √
2014.12.22	转23	2	交办公楼本月租金	借：管理费用——租赁费　　10 000.00 　贷：银行存款　　　　　　10 000.00	√ √
2014.12.25	转26	8	业务员张凯报销	借：管理费用——差旅费　　6 670.00 　贷：其他应收款——张楷　6 670.00	√
2014.12.27	转27	2	支付办公室维修费	借：管理费用——修理费　　2 540.00 　贷：银行存款　　　　　　2 540.00	√ √
2014.12.28	转28	2	购入乙材料10吨，每吨620元	借：原材料—乙材料　　　　6 200.00 　　　应交税费——应交增值税（进）　1 054.00 　贷：银行存款　　　　　　7 254.00	√ √ √
2014.12.29	转35	1	分配工资	借：销售费用——工资　　　10 000.00 　　　管理费用——工资　　38 000.00 　贷：应付职工薪酬——工资　48 000.00	√
2014.12.30	转41	—	结转本月费用	借：本年利润　　　　　　390 020.00 　贷：主营业务成本　　　280 900.00 　　　营业税金及附加　　　9 800.00 　　　管理费用　　　　　89 320.00 　　　销售费用　　　　　10 000.00	√

项目四 结账训练

知识与技能目标

1. 理解会计结账工作的重要性；
2. 学会不同格式账簿的结账方法；
3. 掌握月结、季结、年结的运用。

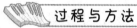

过程与方法

理解会计结账工作的重要性，通过观看、试练不同格式账簿结账的工作过程，分析、总结归纳出不同格式账簿的结账要领，在练习中按规范去做。

情感态度与价值观

严肃认真、一丝不苟的工作态度要贯穿于会计工作的始终。数字计算要准确，核对要正确。培养耐心细致、踏实的处事作风，克服急于求成、浮躁的心态，这是成为会计人员的基础准备。

会计人员快乐工作法

培养自己的兴趣、爱好，充实自己的生活，学会控制自己的生活，享受人生，合理管理和安排时间，别把时间浪费在不必要的忧虑上，业余时间学学烹饪、插花、玩玩摄影，让8小时之外的时间更充实。

任务一 对账相关知识

任务导入

期末已经接近尾声，小王早就听说会计人员在期末是最忙的，但是到底忙些什么呢？

一、认识什么是对账

对账就是核对账目，是指在会计核算中，为保证账簿记录正确可靠，对账簿中的有关数据进行检查和核对的工作。

应当定期将会计账簿记录的有关数字与库存实物、货币资金、有价证券往来单位或个人等进行相互核对，保证账证相符、账账相符、账实相符，对账工作每年至少进行一次。

二、对账的内容

（1）账证核对，是根据各种账簿记录与记账凭证及其所附的原始凭证进行核对，核对会计账簿记录与原始凭证、记账凭证的时间、凭证字号、内容、金额是否一致，记账方向是否相符。

（2）账账核对，是指对各种账簿之间的有关数字进行核对。核对不同会计账簿记录是否相符。包括：总账有关账户的余额核对；总账与明细账核对；总账与日记账核对；会计部门的财产物资明细账与财产物资保管和使用部门的有关明细账核对等。

（3）账实核对，是指各种财产物资的账面余额与实有数额相互核对。核对会计账簿记录与财产等实有数额是否相符。包括：现金日记账账面余额与现金实际库存数核对；银行存款日记账账面余额与银行对账单核对；各种材物明细账账面余额与材物实存数额核对；各种应收、应付款明细账账面余额与有关债务、债权单位或者个人核对等。

三、对账的规范方法

应坚持对账制度，通过对账工作，检查账簿记录内容是否完整，有无错记或漏记，总分类账与明细分类账数字是否相等，以做到账证相符、账账相符、账实相符。

月终要对账簿记录和会计凭证进行核对，以发现错误之处，并进行更正，这也是保证账账、账实相符的基础。核对账证是否相符的主要方法如下：

①看总账与记账凭证汇总表是否相符。

②看记账凭证汇总表与记账凭证是否相符。

③看明细账与记账凭证及所涉及的支票号码及其他结算票据种类等是否相符。

账账相符，是指各种账簿之间的核对相符，主要包括本单位各种账簿之间的有关记录应该核对相符，本单位同其他单位的往来账项应该核对相符。具体方法如下：

1. 看总账资产类科目各种账户与负债、所有者权益类科目各种账户的余额合计数是否相符

（1）总账资产类账户余额 $= \sum$ 总账负债、所有者权益类账户余额。

（2）总账各账户借方发生额（或贷方发生额）$= \sum$ 总账各账户贷方发生额（或

借方发生额）。

2. 看总账各账户与所辖明细账户的各项目之和是否相符

（1）总分类账户与其所属的各个明细分类账户之间本期发生额的合计数应相等。

（2）总分类账户与其所属的各个明细分类账户之间的期初、期末余额应相等。

3. 看会计部门的总账、明细账与有关职能部门的账、卡之间是否相符

（1）会计部门的有关财产物资的明细分类账的余额应该与财产物资保管部门和使用部门经管的明细记录的余额定期核对相符。

（2）各种有关债权、债务明细账的余额应经常或定期与有关的债务人、债权人核对相符。

（3）现金、银行存款日记账余额应该同总分类账有关账户的余额定期核对相符。

（4）已缴国库的利润、税金以及其他预算缴款应该同征收机关按照规定的征收时间、征收金额核对相符。

账实核对，是指各种财产物资的账面余额与实际数额相核对。主要方法如下：

①现金日记账的账面余额与现金实际库存数额每日核对，并填写库存现金核对情况报告单作为记录。发生长、短款时，应即列作"待处理财产损溢"，待查明原因经批准后再进行处理。单位会计主管应经常检查此项工作。

②对库存现金进行清查核对时，出纳人员必须在场，不允许以借条、收据充抵现金。要查明库存现金是否超过限额、是否存在坐支问题。

③银行存款日记账的账面余额与开户银行的对账单核对。每收到一张银行对账单，经管人员应在3日内核对完毕，每月编制一次银行存款余额调节表，会计主管人员每月至少检查一次，并写出书面检查意见。

④有价证券账户应与单位实存有价证券（如国库券、重点企业债券、股票或收款票据等）核对相符，每半年至少核对一次。

⑤商品、产品、原材料等明细账的账面余额，应定期与库存数相核对；其他财产物资账户也要定期核对。年终要进行一次全面的清查。

⑥各种债权、债务类明细账的账面余额要与债权、债务人账面记录核对、清理。对于核对、清理结果，要及时以书面形式向会计主管人员汇报，并报单位领导人。对于存在的问题应采取措施，积极解决。

⑦出租、租入、出借、借入财产等账簿，除合同期满应进行清结外，至少每半年核对一次，以保证账实相符。

通过上述对账工作，做到账证相符、账账相符和账实相符，使会计核算资料真实、正确、可靠。

【对账的练习——账证核对】

2013年4月份北京化工有限公司会计根据背景资料判断总账与多栏式明细账是否相符。总账如表4-1所示。

表4-1　　　　　　　　　　　　　　　　总分类账

分页：15　总页：50

总分类账

科目：制造费用

2013年		凭证		摘要	借方	贷方	借或贷	余额	√
月	日	字	号		亿千百十万千百十元角分	亿千百十万千百十元角分		亿千百十万千百十元角分	
				承前页	2 8 6 0 6 0 0	2 8 6 0 6 0 0	平	0 0 0	☐
04	30	科汇		本月发生额累计数	9 5 0 0 0 0	9 5 0 0 0 0	平	0 0 0	☐
				本月合计	9 5 0 0 0 0	9 5 0 0 0 0	平	0 0 0	☐
									☐
									☐

制造费用明细账如表4-2和表4-3所示。

表4-2　　　　　　　　　　　　　制造费用明细账A

背
面
　　一级科目：制造费用
　　级科目：

2013年		凭证号数	摘要	借方	贷方	借或贷	余额	工资	办公费
月	日			亿千百十万千百十元角分	亿千百十万千百十元角分		亿千百十万千百十元角分	亿千百十万千百十元角分	亿千百十万千百十元角分
			承前页	2 8 6 0 6 0 0	2 8 6 0 6 0 0	平	0 0 0		
04	07	现付010	报销办公品费用	2 0 0 0 0		借	2 0 0 0 0		2 0 0 0 0
04	13	银付010	支付修理费用	1 6 0 0 0 0		借	1 8 0 0 0 0		
04	18	银付022	支付上月车间用水电费	3 3 0 0 0 0		借	5 1 0 0 0 0		
04	29	转065	计提折旧费用	2 4 0 0 0 0		借	7 5 0 0 0 0		
04	30	转080	计提本月工资	5 5 0 0 0 0		借	1 3 0 0 0 0 0	5 5 0 0 0 0	
04	30	转110	结转制造费用		1 3 0 0 0 0 0	平	0 0 0	5 5 0 0 0 0	2 0 0 0 0
04	30		本月合计	1 3 0 0 0 0 0	1 3 0 0 0 0 0	平			
			本年累计	4 1 6 0 6 0 0	4 1 6 0 6 0 0	平	0 0 0		

表4-3   制造费用明细账B

(借) 方 项 目				
修理费	折旧费	水电费		
亿千百十万千百十元角分	亿千百十万千百十元角分	亿千百十万千百十元角分	亿千百十万千百十元角分	亿千百
1 6 0 0 0 0				
		3 3 0 0 0 0		
	2 4 0 0 0 0			
1 6 0 0 0 0	2 4 0 0 0 0	3 3 0 0 0 0		

【对账的练习——账证核对】

2013 年 4 月份北京化工有限公司会计根据背景资料，判断记账凭证跟明细账是否相符。

制造费用明细账如表4-4和表4-5所示。

表4-4   制造费用明细账A

背面   一级科目：制造费用
　　　　二级科目：_____

2013年		凭证号数	摘要	借 方	贷 方	借或贷	余 额	办公费用
月	日			亿千百十万千百十元角分	亿千百十万千百十元角分		亿千百十万千百十元角分	亿千百十万千百十元角分
			承前页	7 5 4 6 7 1 5	7 5 4 6 7 1 5	平	0 0 0	0 0 0
04	02	银付004	设备维修费	3 7 2 0 0 0		借	3 7 2 0 0 0	
04	05	现付008	车间办公费用	8 7 0 0 0		借	4 5 9 0 0 0	8 7 0 0 0
04	09	银付029	3月份水电费	1 0 5 8 7 0 5		借	1 5 1 7 7 0 5	
04	15	转字012	支付职工薪酬	2 5 4 0 0		借	1 5 4 3 1 0 5	
04	18	转字019	固定资产折旧	9 7 9 0 0 0		借	2 5 2 2 1 0 5	

表4-5 制造费用明细账B

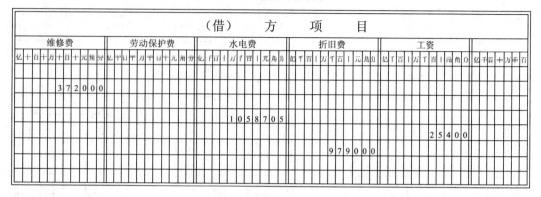

（借）方项目					
维修费	劳动保护费	水电费	折旧费	工资	
亿十百十万千百十元角分	亿十百十万千百十元角分	亿十百十万千百十元角分	亿十百十万千百十元角分	亿十百十万千百十元角分	亿十百十万千百
3 7 2 0 0 0					
		1 0 5 8 7 0 5			
				2 5 4 0 0	
			9 7 9 0 0 0		

付款凭证付款凭证如表4-6至表4-8所示。

表4-6 付款凭证A

付 款 凭 证

贷方科目：银行存款 2013年04月02日 银付字第004号

摘 要	借方科目		记账	金 额	
	总账科目	明细科目		千百十万千百十元角分	
设备维修费	管理费用	维修费	✓	1 2 0 0 0	附单据3张
	制造费用	维修费	✓	3 6 0 0 0 0	
			☐		
			☐		
			☐		
			☐		
			☐		
合计			☐	¥3 7 2 0 0 0	

会计主管：郑镭   记账：张哲   出纳：马峰   复核：王二   制单：崔亮

表4－7 付款凭证B

付 款 凭 证

贷方科目：库存现金　　　　　　　　2013年04月05日　　　　　　　现付字第008号

摘　要	借 方 科 目		记账	金　额									
	总账科目	明细科目		千	百	十	万	千	百	十	元	角	分
	制造费用	办公费	☐						8	7	0	0	0
			☐										
			☐										
			☐										
			☐										
			☐										
合计			☐					¥	8	7	0	0	0

附单据3张

会计主管：郑镭　记账：张哲　出纳：马峰　复核：王二　制单：崔亮

表4－8 付款凭证C

付 款 凭 证

贷方科目：银行存款　　　　　　　　2013年04月09日　　　　　　　银付字第029号

摘　要	借 方 科 目		记账	金　额									
	总账科目	明细科目		千	百	十	万	千	百	十	元	角	分
	制造费用	水电费	☐				1	0	5	8	7	0	5
	管理费用	水电费	☐					2	1	8	0	3	5
			☐										
			☐										
			☐										
			☐										
合计			☐				¥	1	2	7	6	7	4	0

附单据3张

会计主管：郑镭　记账：张哲　出纳：马峰　复核：王二　制单：崔亮

转账凭证如表4－9和表4－10所示。

表4－9 　　　　　　　　　　　**转账凭证A**

转 账 凭 证

转字第　012　号

2013年04月15日

摘　　要	总账科目	明 细 科 目	借 方 金 额											贷 方 金 额											√
			亿	千	百	十	万	千	百	十	元	角	分	亿	千	百	十	万	千	百	十	元	角	分	
支付职工薪酬	生产成本	职工薪酬					2	8	0	0	0	0													√
	制造费用	职工薪酬						2	5	4	0	0													√
	管理费用	职工薪酬					4	5	0	0	0	0													√
	应付职工薪酬	职工薪酬																7	5	5	4	0	0		√
合　　　　　计						¥7	5	5	4	0	0						¥7	5	5	4	0	0		

附单据1张

会计主管：郑镭　记账：张哲　出纳：马峰　复核：王二　制单：崔亮

表4－10 　　　　　　　　　　　**转账凭证B**

转 账 凭 证

转字第　019　号

2013年04月18日

摘　　要	总账科目	明 细 科 目	借 方 金 额											贷 方 金 额											√
			亿	千	百	十	万	千	百	十	元	角	分	亿	千	百	十	万	千	百	十	元	角	分	
固定资产折旧	制造费用	折旧费					8	5	4	0	0	0													√
	管理费用	折旧费					1	2	5	0	0	0													√
	累计折旧	折旧费																9	7	9	0	0	0		√
合　　　　　计							¥9	7	9	0	0	0						¥9	7	9	0	0	0		

附单据1张

会计主管：郑镭　记账：张哲　出纳：马峰　复核：王二　制单：崔亮

任务二 错账更正训练

任务导入

在对账的过程中，小王发现有一笔账记错了，可以直接在账簿上画掉错误吗？

在记账过程中，可能发生各种各样的差错，如重记、漏记、数字颠倒、数字错位、数字记错、科目记错、借贷方向记反等，从而影响会计信息的准确性，应及时找出差错，并予以更正。

一、查找错记账的方法

适用于以下三种情况：

（1）将数字写小。如将 400 写成 40，错误数字小于正确数字 9 倍。查找方法：以差数除以 9 后得出的商即为写错的数字，商乘以 10 即为正确的数字。上例差数 360 除以 9，商 40 即为错数，扩大 10 倍后即可得出正确的数字。

（2）将数字写大。如将 50 写成 500，错误数字大于正确数字 9 倍。查找的方法：以差数除以 9 得出的商即为正确的数字，商乘以 10 后所得的积为错误的数字。上例差数 450 除以后，商 50 即为正确数字，50 乘以 10 即为错误数字。

（3）邻数颠倒。查找方法：将差数除以 9，得出的商连续加 11，直到找出颠倒的数字为止。

二、错账更正方法

（一）画线更正法

（1）适用范围：记账凭证对，登账错误。

（2）更改步骤：①画红线注销；②作出正确记录；③在更正处盖章。

【例 1】用现金购买办公用品 298 元。原记账凭证填制如下：

借：管理费用　　　298

　　贷：库存现金　　　298

会计人员根据记账凭证登账时将库存现金错记为 289 元。

（二）补充登记法

（1）适用范围：记账凭证中仅仅只是金额少计，导致记账错误。

（2）更改方法：将少计金额填制一张与原记账凭证科目、方向相同的记账凭证，

并据以登记入账。

【例2】为制造产品领用材料一批 2000 元。原记账凭证填制为：

借：生产成本　　　200

　　贷：原材料　　　200

并已据此登记入账。

（三）红字更正法

（1）红字一步法：适用于记账凭证中仅仅只是金额多计，导致记账错误。

更改方法为将多计的金额用红字填制一张与原凭证科目方向相同的记账凭证，并据以登记入账。

【例3】从银行提取现金 6 800 元。原记账凭证填制为：

借：库存现金　　　8 600

　　贷：银行存款　　　8 600

并已据此登记入账。

练习1 为制造产品领用材料一批 600 元。原记账凭证填制为：

借：生产成本　　　6 000

　　贷：原材料　　　6 000

并已据此登记入账。

注意和补充登记法比较。

（2）红字两步法：适用于记账凭证中科目、方向错误及混合错误。

更改步骤：①用红字冲销原记录；②重填正确记账凭证并入账。

【例4】结转本月产品销售成本 15 000 元，原记账凭证填制为：

借：主营业务成本　　　15 000

　　贷：生产成本　　　　15 000

并已据此登记入账。

练习2 业务员李华报销差旅费 1 000 元。原记账凭证填制为：

借：在途物资　　　1 000

　　贷：其他应收款　　　1 000

并已据此登记入账。

错账更正不可以用红色墨水钢笔，更正方法的比较如表4-11所示。

表4-11　　　　　　　　　　　　　　更正方法的比较

错误原因	方法名称	更正步骤要点
记账凭证对，登账错误	画线更正法	（1）画红线注销 （2）作出正确记录 （3）在更正处盖章

续　表

错误原因		方法名称	更正步骤要点
记账凭证错误，导致记账错误	凭证中仅金额少记	补充更正法	将少记数补充登记入账
	凭证中仅金额多记	红字一步法	用红字冲销多记数
	凭证中科目错误	红字两步法	（1）用红字冲销原记录（2）重填正确记账凭证并入账
	凭证中方向错误		
	混合错误		

注意：

1. 更正错账的方法主要有画线更正法、红字更正法和补充登记法 3 种。

2. 账簿记录发生错误，应根据具体情况按规定的更正方法进行更正，严禁刮擦、挖补、涂改或用化学药物褪色。

任务三　结账的训练

任务导入

为了总结一定时期内（如月份、季度、年份）的经济活动情况，企业必须按月、季、年进行结账，为编制会计报表做准备。

一、如何理解会计的结账工作

结账是在把一定时期内发生的全部经济业务登记入账的基础上，计算并记录本期发生额和期末余额后，将余额结转下期或新的账簿的会计行为。

结账的工作内容包括：

（1）检查本期内日常发生的经济业务是否已全部登记入账，若发现漏记账、错记账，应及时补记、更正。

如果检查发现漏记账，补记漏记的一笔即可，摘要栏要标明＼"补＊年×月＊＊＃凭证漏记＼"即可，简明扼要，清晰易懂。

如果发现错记账要根据情况按照正确的错记账更正方法来进行处理。

（2）在实行权责发生制的单位，应按照权责发生制的要求，进行账项调整的账务处理，以计算确定本期的成本、费用、收入和财务成果。

（3）将损益类科目转入"本年利润"科目，结平所有损益类科目。

（4）在本期全部经济业务登记入账的基础上，结算出所有账户的本期发生额和期末余额。同时计算登记各种账簿的本期发生额和期末余额。

二、结账时点的设置

对于月末结账的时点问题，从我国的会计实际工作来说一般月末结账的时点都是自然月末，当然在实务中有些单位因为自身的业务量大，有自己定义的结账日，如25日结账等。对于这个问题，本书比较倾向于按自然月结账。原因如下：

1. 可以与税务同步，减少不必要的税务风险

税法中是按自然月来定义税务期间的，会计期间与税法规定的纳税期间不一致，税务报表就要按税务期间进行调整，工作难度比较大，并且会给税务核查造成困难。在实务中若不按税法进行调整，会给企业造成较大的税务风险。

2. 减少因为自定结账日产生的结账数据时点不统一的风险

在实务中很多财务数据是来自非财务部门的，由非财会专业的人员提供，对于自定义结账日的理解可能存在偏差。有些财务比较强势的企业可能会规定结账日后到下月1日前运用不开具发票等手段来减少差异，但这样无论是对企业的经营还是对税法的遵守都是不利的。

三、实际工作中的结账

1. 结账时应当根据不同的账户记录，分别采用不同的方法

（1）对不需要按月结计本期发生额的账户，如各项应收应付款明细账和各项财产物资明细账等，每次记账以后，都要随时结出余额，每月最后一笔余额即为月末余额。也就是说，月末余额就是与本月最后一笔经济业务记录同一行内的余额。月末结账时，只需要在最后一笔经济业务记录之下画一单红线，不需要再结计一次余额，如表4-12所示。

表4-12　　　　　　　　　　　　应付账款明细账

二级科目A工厂　　　　　　　　　　　　　　　　　　　　　　单位：元

2014 年		凭证号数	摘　要	借　方	贷　方	借或贷	余　额
月	日						
1	1		期初余额			贷	6 000
	9	记1	购料欠款		5 000	贷	11 000
	12	记2	购料欠款		19 000	贷	30 000
	20	记3	偿还欠款	20 000		贷	10 000

（2）需要按月结计发生额的收入、费用等明细账。每月结账时，要在最后一笔经济业务记录下面画一单红线，结出本月发生额和余额，在摘要栏内注明"本月合计"

字样，在下面再画一条单红线，如表4－13所示。

表4－13　　　　　　　　　　　管理费用明细账

科目：管理费用

2014年		凭证编号	摘要	借方	贷方	余额	（借）方金额分析		
月	日						办公费	差旅费	
1	27	记05	购买办公用品	50		50	50		
1	28	记06	报销差旅费	800		800		800	
1	31	记32	期末结账		850	0	50	800	
1	31		本月合计	850	850	0			

（3）需要结计本年累计发生额的某些明细账户，如产品销售收入、成本明细账等，每月结账时，应在"本月合计"行下结计自年初起至本月末止的累计发生额，登记在月份发生额下面，在摘要栏内注明"本年累计"字样，并在下面再画一单红线，如表4－14所示。

表4－14　　　　　　　　　　　主营业务收入——甲产品

2013年		凭证号数	摘要	借方	贷方	借或贷	余额
月	日						
			承前页	357 210	374 910	贷	17 700
11	24	记60	销售产品，收到货款		3 750	贷	21 450
	26	记65	销售产品，款未收		3 000	贷	24 450
	29	记69	销售产品，货款存银行		12 000	贷	36 450
	30	记81	结转本月收入	36 450		平	0
	30		本月合计	36 450	36 450	平	0
	30		本年累计	393 660	393 660	平	0

（4）需要结计本月发生额的某些账户，如果本月只发生一笔经济业务，由于这笔记录的金额就是本月发生额，结账时，只要在此行记录下画一单红线，表示与下月的发生额分开就可以了，不需另结出"本月合计"数。

表 4-15   应收账款明细账

二级科目 B 工厂   单位：元

2014 年		凭证号数	摘要	借方	贷方	借或贷	余额
月	日						
1	1		销售材料收到货款	8 000		借	8 000

2. 结账如何画线

结账划线的目的，是为了突出本月合计数及月末余额，表示本会计期间的会计记录已经截止或结束，并将本期与下期的记录明显分开。根据《规范》规定，月结画单线，年结画双线。画线时，应画红线；画线应画通栏线，不应只在本账页中的金额部分画线。

3. 账户余额的填写方法

每月结账时，应将月末余额写在本月最后一笔经济业务记录的同一行内。但在现金日记账、银行存款日记账和其他需要按月结计发生额的账户，如各种成本、费用、收入的明细账等，每月结账时，还应将月末余额与本月发生额写在同一行内，在摘要栏注明"本月合计"字样。这样做，账户记录中的月初余额加减本期发生额等于月末余额，便于账户记录的稽核。需要结计本年累计发生额的某些明细账户，每月结账时，"本月合计"行已有余额的，"本年累计"行就不必再写余额了。

4. 能否用红字结账

账簿记录中使用的红字，具有特定的含义，它表示蓝字金额的减少或负数余额。因此，结账时，如果出现负数余额，可以用红字在余额栏登记，但如果余额栏前印有余额的方向（如借或贷），则应用蓝、黑墨水书写，而不得使用红色墨水。

5. 年度结账应注意的问题

年度终了，要把各账户的余额结转到下一会计年度，作为财务人员，应该注意什么事项呢？本书认为，手工账下应从以下两个方面来考虑：

（1）各明细账户封账

为了反映全年各项资产、负债及所有者权益增减变动的全貌，便于核对账目，年终结账时，各账户进行月结的同时，要将所有总账账户结计全年发生额和年末余额，在摘要栏内注明"本年合计"字样，并在该行下面画通栏双红线，表示"年末封账"。

（2）结转新账（过账）

结转下年时，凡是有余额的账户，都应在年末"本年累计"行下面画通栏双红线，在下面摘要栏注明"结转下年"字样，不需要另外编制记账凭证，但必须把年末余额转入下年新账。转入下年新账时，应在账页第一行摘要栏内注明"上年结转"字样，并在余额栏内填写上年结转的余额。

对于新的会计年度建账，一般说来，总账、日记账和多数明细账应每年更换一次。但有些财产物资明细账和债权债务明细账，由于材料品种、规格和往来单位较多，更换新账，重抄一遍工作量较大，因此，可以跨年度使用，不必每年更换一次，各种备查簿也可以连续使用。

四、各明细账簿结账的具体应用

明细账簿结账的流程，如图 4-1 所示。

图 4-1 明细账簿结账流程

（1）三栏明细账的结账如表 4-16 和表 4-17 所示。

表 4-16 　　　　　　　　　主营业务收入——甲产品 　　　　　　　　　单位：元

2013年 月	日	凭证号数	摘要	借方	贷方	借或贷	余额
			承前页	357 210	374 910	贷	17 700
11	24	记60	销售产品，收到货款		3 750	贷	21 450
	26	记65	销售产品，款未收		3 000	贷	24 450
	29	记69	销售产品，货款存银行		12 000	贷	36 450
	30	记81	结转本月收入	36 450		平	0
	30		本月合计	36 450	36 450	平	0
	30		本年累计	393 660	393 660	平	0
12	13	记39	销售产品，货款存银行		15 840	贷	15 840
	16	记46	销售产品，款未收		5 400	贷	21 240
	20	记51	销售产品，款未收		5 400	贷	26 640
	22	记59	销售产品收到部分货款		3 960	贷	30 600
	26	记65	销售产品，款未收		3 000	贷	33 600
	28	记72	销售产品，货款存银行		14 400	贷	48 000
	31	记81	结转本月收入	48 000		平	0
	31		本月合计	48 000	48 000	平	0
	31		本年累计	441 660	441 660	平	0

表4-17
往来明细账
应付账款明细账

科目 应付账款明细账

2014年 月	日	凭证编号	摘要	借方	贷方	借或贷	余额
12	1		期初余额			贷	1000000
12	20	记20	购料欠款		800000	贷	1800000
12	23	记22	购料欠款		3100000	贷	4900000
12	25	记27	偿还欠款	800000		贷	4100000
12	31		本月合计	800000	3900000	贷	4100000
12	31		本年累计	2800000	5900000	贷	4100000
			结转下年	4100000		平	0

（2）多栏式明细账的结账如表4-18所示。

表4-18
管理费用明细账的期末结账
管理费用明细账

科目 管理费用

2014年 月	日	凭证编号	摘要	借方	贷方	余额	(借)方金额分析 办公费	(借)方金额分析 差旅费
1	27	记05	购买办公用品	5000		5000	5000	
1	28	记06	报销差旅费	80000		85000		80000
1	31	记32	期末结账		85000	0	5000	80000
1	31		本月合计	85000	85000	0		

（3）数量金额明细账的结账如表4-19所示。

表4-19
原材料明细账的期末结账
原材料明细账

明细账户：甲材料　　　　　　　　计量单位：千克　金额：元

2014年 月	日	凭证号数	摘要	收入 数量	收入 单价	收入 金额	发出 数量	发出 单价	发出 金额	结存 数量	结存 单价	结存 金额
1	1		期初余额							2000	10	20000
1	9	(1)	购入材料	500	10	5000				2500	10	25000
1	12	(2)	购入材料	400	10	4000				2900	10	29000
1	26	(4)	生产领料				1000	10	10000	1900	10	19000
			本月合计	900	10	9000	1000	10	10000	1900	10	19000

做一做练一练

请根据项目四的内容对其他应收款、管理费用、原材料进行期末结账的处理。

参考文献

［1］财政部．企业会计准则 2006［M］．北京：经济科学出版社，2006.

［2］财政部．企业会计准则——应用指南 2006［M］．北京：中国财政经济科学出版社，2006.

［3］财政部．企业会计准则讲解 2007［M］．北京：人民出版社，2007.

［4］财政部会计资格评价中心．初级会计实务［M］．北京：经济科学出版社，2012.

［5］财政部会计资格评价中心．中级会计实务［M］．北京：经济科学出版社，2012.

［6］葛家澍，耿金岭．企业财务会计［M］．4 版．北京：高等教育出版社，2010.

国家中等职业教育改革发展示范学校规划教材·会计专业

会计分岗实训——记账

明细账综合模拟案例
（活页手册）

主　编　尹　静

副主编　姬玉倩　陈　燕

中国财富出版社

图书在版编目（CIP）数据

会计分岗实训.记账/尹静主编.—北京：中国财富出版社，2015.3

（国家中等职业教育改革发展示范学校规划教材.会计专业）

ISBN 978 - 7 - 5047 - 5704 - 3

Ⅰ.①会…　　Ⅱ.①尹…　　Ⅲ.①会计实务—中等专业学校—教材　　Ⅳ.①F23

中国版本图书馆 CIP 数据核字（2015）第 097010 号

策划编辑 葛晓雯	**责任编辑** 葛晓雯		
责任印制 方朋远	**责任校对** 梁　凡	**责任发行** 斯　琴	

出版发行	中国财富出版社		
社　　址	北京市丰台区南四环西路 188 号 5 区 20 楼	**邮政编码**	100070
电　　话	010 - 52227568（发行部）	010 - 52227588 转 307（总编室）	
	010 - 68589540（读者服务部）	010 - 52227588 转 305（质检部）	
网　　址	http://www.cfpress.com.cn		
经　　销	新华书店		
印　　刷	北京京都六环印刷厂		
书　　号	ISBN 978 - 7 - 5047 - 5704 - 3/F · 2386		
开　　本	787mm×1092mm　1/16	**版　　次**	2015 年 3 月第 1 版
印　　张	10.75	**印　　次**	2015 年 3 月第 1 次印刷
字　　数	183 千字	**定　　价**	21.00 元（含活页手册）

明细账综合模拟案例

（活页手册）

 知识与技能目标

1. 会登记三栏式明细账；
2. 会登记数量金额明细账；
3. 会登记多栏明细账；
4. 能够胜任会计记账的工作；
5. 熟悉登记各类明细账的要求；
6. 熟悉对账和结账的要求；
7. 知道错账更正的正确操作方法。

 情感态度与价值观

理论联系实际，在实践中锻炼提高。培养学生的综合实训能力，体验账簿与生活和工作的关系，循序渐进，培养认真、细致、一丝不苟的职业素养。

 **任务导入**

下面是长城机械有限责任公司的 2014 年 12 月份发生的业务，如果你是该公司的记账会计，会根据给出的各类账户的期初余额登记三栏、多栏、数量金额的明细账吗？

知识准备

实训资料

一、初始数据和核算方法

1. 公司概况

公司名称：长城机械有限责任公司；法人代表：张金山

公司地址：河北省张山市桥东区维一路 126 号；邮编：075000

开户银行：中国工商银行张山市分行桥东支行；账号：685088096001

税务登记号：1906030011167898

2. 财务科有关人员

会计：冯磊　　　　　　　　出纳：李艳红

会计主管：实习学生

3. 初始数据

有关账户期初余额如下：

长城机械有限责任公司为增值税一般纳税人。2014 年 12 月 1 日有关科目的余额如表 1 至表 3 所示。

表 1　　　　　　　　　　　总账账户期初余额　　　　　　　　　　　单位：元

科目名称	借方余额	科目名称	贷方余额
库存现金	1 500	短期借款	20 000
银行存款	1 280 500	应付票据	34 000
应收票据	240 000	应付账款	73 700
应收账款	406 000	其他应付款	8 000
其他应收款	5 000	应付职工薪酬	21 000
原材料	754 000	应交税费	5 800
库存商品	1378 500	应付利息	1 000
固定资产	1 595 000	实收资本	5 500 000
无形资产	65 000	盈余公积	10 000
		利润分配	52 000
合计	5 725 500	合计	5 725 500

表 2　　　　　　　　　　明细账户期初余额表（部分）　　　　　　　　　　单位：元

账户名称		借方余额	贷方余额	数量	
总账	明细账			单位	数量
应收账款	黄河有限责任公司	386 000			
	东山有限责任公司	4 500			
	凯山煤矿	15 500			
原材料	槽帮钢	350 000		吨	100
	铝材	350 000		吨	20
	B 型件	54 000		件	540

账户名称		借方余额	贷方余额	数量	
总账	明细账			单位	数量
库存商品	刮板输送机	450 000		台	30
	转载机	900 000		台	500
	铲煤机	28 500		台	23
应付账款	三星机械制造有限公司		54 800		
	宏发有限责任公司		9 700		
	诚达贸易公司		9 200		
应付职工薪酬	应付工资		21 000		
	应付职工福利				
应交税费	应交营业税		600		
	应交所得税		5 200		
利润分配	未分配利润		52 000		

表3　　　　　　　1—11 月损益类账户累计发生额　　　　　　　单位：元

科目名称	借方发生额	贷方发生额
主营业务收入		13 500 000
主营业务成本	9 100 000	
营业税金及附加	30 000	
销售费用	240 000	
管理费用	874 000	
财务费用	265 000	
其他业务收入		132 600
其他业务成本	89 000	
投资收益		42 200
营业外收入		40 000
营业外支出	29 800	
所得税费用	1 090 817	

4．核算方法

（1）原材料采用实际成本法；

（2）其他采用实际成本核算；

（3）收入采用销售法确认，商品发出后结转成本。

二、2014 年 12 月份发生经济业务后，填制的记账凭证如表 4 至表 41 所示。

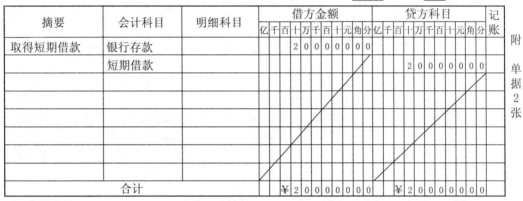

表4
业务1
记 账 凭 证

2014年12月1日　　　　记　字　第　01　号

摘要	会计科目	明细科目	借方金额										贷方科目										记账
			亿	千	百	十	万	千	百	十	元	角	分	亿	千	百	十	万	千	百	十	元	角	分	
取得短期借款	银行存款				2	0	0	0	0	0	0	0												
	短期借款															2	0	0	0	0	0	0	0	
合计			¥	2	0	0	0	0	0	0	0			¥	2	0	0	0	0	0	0	0		

会计主管：　　　　　审核：李艳红　　　　　制证：冯磊　　　记账：冯磊

附单据2张

表5
业务2
记 账 凭 证

2014年12月1日　　　　记　字　第　02　号

摘要	会计科目	明细科目	借方金额										贷方科目										记账
			亿	千	百	十	万	千	百	十	元	角	分	亿	千	百	十	万	千	百	十	元	角	分	
取得长期借款	银行存款			4	0	0	0	0	0	0	0	0												
	长期借款														4	0	0	0	0	0	0	0	0	
合计			¥	4	0	0	0	0	0	0	0	0			¥	4	0	0	0	0	0	0	0	0	

会计主管：　　　　　审核：李艳红　　　　　制证：冯磊　　　记账：冯磊

附单据2张

表6　　　　　　　　　　　　　　　业务3

记 账 凭 证

2014年12月3日　　　记 字 第 03 号

摘要	会计科目	明细科目	借方金额										贷方科目										记账
			亿	千	百	十	万	千	百	十	元	角	分	亿	千	百	十	万	千	百	十	元	角	分	
购买铝材	在途物资	铝材				3	7	0	0	0	0	0													
	应交税费	应交增值税（进项税额）					6	1	7	0	0	0													
	银行存款															4	3	1	7	0	0	0			
						¥	4	3	1	7	0	0	0			¥	4	3	1	7	0	0	0	

会计主管：　　　　　审核：李艳红　　　　　制证：冯磊　　记账：冯磊

附单据3张

表7　　　　　　　　　　　　　　　业务4

记 账 凭 证

2014年12月5日　　　记 字 第 04 号

摘要	会计科目	明细科目	借方金额										贷方科目										记账
			亿	千	百	十	万	千	百	十	元	角	分	亿	千	百	十	万	千	百	十	元	角	分	
铝材验收入库	原材料	铝材				3	7	0	0	0	0	0													
	在途物资	铝材														3	7	0	0	0	0	0			
	合计					¥	3	7	0	0	0	0	0			¥	3	7	0	0	0	0	0	

会计主管：　　　　　审核：李艳红　　　　　制证：冯磊　　记账：冯磊

附单据1张

表8　　　　　　　　　　　　　　　　業務5

记 账 凭 证
2014年12月7日　　　记 字 第 05 号

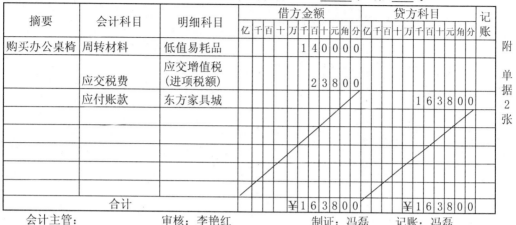

摘要	会计科目	明细科目	借方金额										贷方科目										记账
			亿	千	百	十	万	千	百	十	元	角	分	亿	千	百	十	万	千	百	十	元	角	分	
购买办公桌椅	周转材料	低值易耗品					1	4	0	0	0	0													
	应交税费	应交增值税（进项税额）						2	3	8	0	0													
	应付账款	东方家具城																1	6	3	8	0	0	
合计						¥	1	6	3	8	0	0					¥	1	6	3	8	0	0	

会计主管：　　　　审核：李艳红　　　　制证：冯磊　　　记账：冯磊

附单据2张

表9　　　　　　　　　　　　　　　　業務6(A)

记 账 凭 证
2014年12月8日　　　记 字 第 06 号

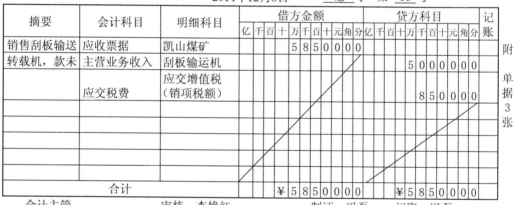

摘要	会计科目	明细科目	借方金额										贷方科目										记账
			亿	千	百	十	万	千	百	十	元	角	分	亿	千	百	十	万	千	百	十	元	角	分	
销售刮板输送转载机，款未	应收票据	凯山煤矿				5	8	5	0	0	0	0													
	主营业务收入	刮板输运机															5	0	0	0	0	0	0		
	应交税费	应交增值税（销项税额）																8	5	0	0	0	0		
合计						¥	5	8	5	0	0	0	0				¥	5	8	5	0	0	0	0	

会计主管：　　　　审核：李艳红　　　　制证：冯磊　　　记账：冯磊

附单据3张

表10　　　　　　　　　　　　　　　　業務6(B)

记 账 凭 证
2014年12月8日　　　记 字 第 07 号

摘要	会计科目	明细科目	借方金额										贷方科目										记账
			亿	千	百	十	万	千	百	十	元	角	分	亿	千	百	十	万	千	百	十	元	角	分	
结转销售成本	主营业务成本	刮板输运机					3	0	0	0	0	0	0												
	库存商品	刮板输运机															3	0	0	0	0	0	0		
合计						¥	3	0	0	0	0	0	0				¥	3	0	0	0	0	0	0	

会计主管：　　　　审核：李艳红　　　　制证：冯磊　　　记账：冯磊

附单据1张

表11 业务7

记 账 凭 证
2014年12月11日　　　记　字　第　08　号

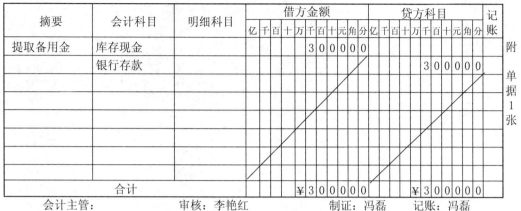

摘要	会计科目	明细科目	借方金额 亿	千	百	十	万	千	百	十	元	角	分	贷方科目 亿	千	百	十	万	千	百	十	元	角	分	记账
提取备用金	库存现金							3	0	0	0	0	0												
	银行存款																		3	0	0	0	0	0	
合计								¥	3	0	0	0	0	0					¥	3	0	0	0	0	0

会计主管：　　　审核：李艳红　　　制证：冯磊　　记账：冯磊

附单据1张

表12 业务8

记 账 凭 证
2014年12月11日　　　记　字　第　09　号

摘要	会计科目	明细科目	借方金额 亿	千	百	十	万	千	百	十	元	角	分	贷方科目 亿	千	百	十	万	千	百	十	元	角	分	记账
收到银行汇票	银行存款					3	8	6	1	0	0	0	0												
	应收票据	黄河公司															3	8	6	1	0	0	0	0	
合计						¥	3	8	6	1	0	0	0	0			¥	3	8	6	1	0	0	0	0

会计主管：　　　审核：李艳红　　　制证：冯磊　　记账：冯磊

附单据1张

表13 业务9(A)

记 账 凭 证
2014年12月11日　　　记　字　第　10　号

摘要	会计科目	明细科目	借方金额	贷方科目	记账
销售刮板输送机	应收账款	广州鸿运公司	9 3 6 0 0 0 0		
转载机，款未收	主营业务收入	刮板输送机		5 0 0 0 0 0 0	
		转载机		3 0 0 0 0 0 0	
	应交税费	应交增值税（销项税额）		1 3 6 0 0 0 0	
			¥9 3 6 0 0 0 0	¥9 3 6 0 0 0 0	

会计主管：　　　审核：李艳红　　　制证：冯磊　　记账：冯磊

附单据2张

表14 业务9(B)

记 账 凭 证
2014年12月11日　　　记　字　第　11　号

摘要	会计科目	明细科目	借方金额	贷方科目	记账
结转销售成本	主营业务成本	刮板输送机	3 0 0 0 0 0 0		
		转载机	1 8 0 0 0 0 0		
	库存商品	刮板输送机		3 0 0 0 0 0 0	
		转载机		1 8 0 0 0 0 0	
合计			¥4 8 0 0 0 0 0	¥4 8 0 0 0 0 0	

会计主管：　　　审核：李艳红　　　制证：冯磊　　记账：冯磊

附单据1张

表15 业务10

记 账 凭 证
2014年12月15日　　　记　字　第　12　号

摘要	会计科目	明细科目	借方金额	贷方科目	记账
支付第一建筑	应付账款	第一建筑公司	1 2 0 0 0 0 0 0 0		
公司工程款	银行存款			1 2 0 0 0 0 0 0 0	
合计			¥1 2 0 0 0 0 0 0 0	¥1 2 0 0 0 0 0 0 0	

会计主管：　　　审核：李艳红　　　制证：冯磊　　记账：冯磊

附单据1张

8

表16   业务11

记 账 凭 证
2014年12月15日   记 字 第 13 号

摘要	会计科目	明细科目	借方金额										贷方科目										记账
			亿	千	百	十	万	千	百	十	元	角	分	亿	千	百	十	万	千	百	十	元	角	分	
购切割机床	固定资产	切割机床				3	7	2	0	0	0	0													
	应交税费	应交增值税（进项税额）					6	3	2	4	0	0													
	银行存款																	4	3	5	2	4	0	0	
		合计				¥	4	3	5	2	4	0	0					¥	4	3	5	2	4	0	0	

会计主管：   审核：李艳红   制证：冯磊   记账：冯磊

附单据3张

表17   业务12

记 账 凭 证
2014年12月19日   记 字 第 14 号

摘要	会计科目	明细科目	借方金额										贷方科目										记账
			亿	千	百	十	万	千	百	十	元	角	分	亿	千	百	十	万	千	百	十	元	角	分	
购槽帮钢	原材料	槽帮钢				3	6	0	0	0	0	0													
	应交税费	应交增值税（进项税额）					6	1	2	0	0	0													
	银付账款	中福机械厂																4	2	1	2	0	0	0	
		合计				¥	4	2	1	2	0	0	0					¥	4	2	1	2	0	0	0	

会计主管：   审核：李艳红   制证：冯磊   记账：冯磊

附单据2张

表18   业务13

记 账 凭 证
2014年12月20日   记 字 第 15 号

摘要	会计科目	明细科目	借方金额										贷方科目										记账
			亿	千	百	十	万	千	百	十	元	角	分	亿	千	百	十	万	千	百	十	元	角	分	
支付中福机械厂	应付账款	中福机械厂					4	2	1	2	0	0	0												
	银行存款																	4	2	1	2	0	0	0	
		合计					¥	4	2	1	2	0	0	0					¥	4	2	1	2	0	0	0	

会计主管：   审核：李艳红   制证：冯磊   记账：冯磊

附单据1张

表19   业务14

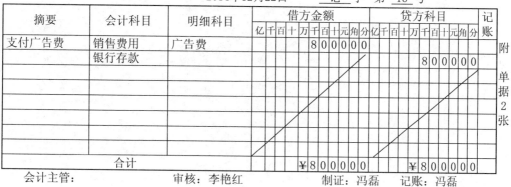

记 账 凭 证

2014年12月22日   记 字 第 16 号

摘要	会计科目	明细科目	借方金额										贷方科目										记账
			亿	千	百	十	万	千	百	十	元	角	分	亿	千	百	十	万	千	百	十	元	角	分	
支付广告费	销售费用	广告费					8	0	0	0	0	0												
	银行存款																	8	0	0	0	0	0	
合计							¥	8	0	0	0	0	0					¥	8	0	0	0	0	0	

会计主管：   审核：李艳红   制证：冯磊   记账：冯磊

附单据2张

表20   业务15

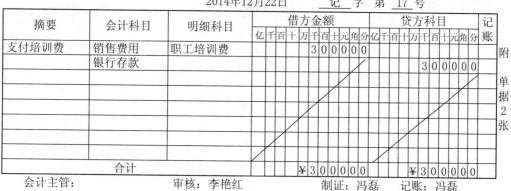

记 账 凭 证

2014年12月22日   记 字 第 17 号

摘要	会计科目	明细科目	借方金额										贷方科目										记账
			亿	千	百	十	万	千	百	十	元	角	分	亿	千	百	十	万	千	百	十	元	角	分	
支付培训费	销售费用	职工培训费					3	0	0	0	0	0												
	银行存款																	3	0	0	0	0	0	
合计							¥	3	0	0	0	0	0					¥	3	0	0	0	0	0	

会计主管：   审核：李艳红   制证：冯磊   记账：冯磊

附单据2张

表21   业务16(A)

记 账 凭 证

2014年12月24日   记 字 第 18 号

摘要	会计科目	明细科目	借方金额										贷方科目										记账
			亿	千	百	十	万	千	百	十	元	角	分	亿	千	百	十	万	千	百	十	元	角	分	
销售转载机	银行存款					7	0	2	0	0	0	0												
	主营业务收入	转载机															6	0	0	0	0	0	
	应交税费	应交增值税 （销项税额）															1	0	2	0	0	0	
合计						¥	7	0	2	0	0	0	0				¥	7	0	2	0	0	0	0	

会计主管：   审核：李艳红   制证：冯磊   记账：冯磊

附单据2张

表22　　　　　　　　　　　　　**业务16(B)**

记 账 凭 证

2014年12月24日　　　记　字　第　19　号

摘要	会计科目	明细科目	借方金额 亿千百十万千百十元角分	贷方科目 亿千百十万千百十元角分	记账
结转销售成本	主营业务成本	转载机	3 6 0 0 0 0 0		附单据2张
	库存商品	转载机		3 6 0 0 0 0 0	
	合计		¥ 3 6 0 0 0 0 0	¥ 3 6 0 0 0 0 0	

会计主管：　　　　　审核：李艳红　　　　制证：冯磊　记账：冯磊

表23　　　　　　　　　　　　　**业务17(A)**

记 账 凭 证

2014年12月24日　　　记　字　第　20　号

摘要	会计科目	明细科目	借方金额 亿千百十万千百十元角分	贷方科目 亿千百十万千百十元角分	记账
销售转载机	应收票据	华茂公司	9 8 2 8 0 0 0 0		附单据2张
收到承兑汇票	主营业务收入	转载机		8 4 0 0 0 0 0	
	应交税费	应交增值税（销项税额）		1 4 2 8 0 0 0	
	合计		¥ 9 8 2 8 0 0 0 0	¥ 9 8 2 8 0 0 0 0	

会计主管：　　　　　审核：李艳红　　　　制证：冯磊　记账：冯磊

表24　　　　　　　　　　　　　**业务17(B)**

记 账 凭 证

2014年12月24日　　　记　字　第　21　号

摘要	会计科目	明细科目	借方金额 亿千百十万千百十元角分	贷方科目 亿千百十万千百十元角分	记账
结转销售成本	主营业务成本	转载机	5 0 4 0 0 0 0		附单据1张
	库存商品	转载机		5 0 4 0 0 0 0	
	合计		¥ 5 0 4 0 0 0 0	¥ 5 0 4 0 0 0 0	

会计主管：　　　　　审核：李艳红　　　　制证：冯磊　记账：冯磊

表25　　　　　　　　　　業務18

记 账 凭 证
2014年12月25日　　　记 字 第 22 号

摘要	会计科目	明细科目	借方金额											贷方科目											记账
			亿	千	百	十	万	千	百	十	元	角	分	亿	千	百	十	万	千	百	十	元	角	分	
收到支票偿还	银行存款					4	5	0	0	0	0	0														
前欠货款	应收账款	东山公司															4	5	0	0	0	0	0		
	合计				¥	4	5	0	0	0	0	0				¥	4	5	0	0	0	0	0			

会计主管：　　　　　审核：李艳红　　　　　　制证：冯磊　记账：冯磊

附单据1张

表26　　　　　　　　　　業務19

记 账 凭 证
2014年12月25日　　　记 字 第 23 号

摘要	会计科目	明细科目	借方金额											贷方科目											记账
			亿	千	百	十	万	千	百	十	元	角	分	亿	千	百	十	万	千	百	十	元	角	分	
预付明年保险费	费理费用	汽车保险费					3	0	8	0	0	0	0													
	银行存款																	3	0	8	0	0	0	0	
	合计					¥	3	0	8	0	0	0	0				¥	3	0	8	0	0	0	0	

会计主管：　　　　　审核：李艳红　　　　　　制证：冯磊　记账：冯磊

附单据1张

表27　　　　　　　　　　業務20

记 账 凭 证
2014年12月31日　　　记 字 第 24 号

摘要	会计科目	明细科目	借方金额											贷方科目											记账
			亿	千	百	十	万	千	百	十	元	角	分	亿	千	百	十	万	千	百	十	元	角	分	
收到支票偿还	银行存款						3	0	0	0	0	0	0												
货款	应收账款	利达五金电器商行																3	0	0	0	0	0	0	
	合计					¥	3	0	0	0	0	0	0			¥	3	0	8	0	0	0	0		

会计主管：　　　　　审核：李艳红　　　　　　制证：冯磊　记账：冯磊

附单据3张

表28　　　　　　　　　　　　　業务21

记 账 凭 证
2014年12月31日　　　　记 字 第 25 号

摘要	会计科目	明细科目	借方金额	贷方科目	记账
			亿千百十万千百十元角分	亿千百十万千百十元角分	
支付借款利息	财务费用		1 4 5 0 0 0 0		附单据2张
	应付利息		5 8 0 0 0 0 0		
	银行存款			7 2 5 0 0 0 0	
	合计		¥7 2 5 0 0 0 0	¥7 2 5 0 0 0 0	

会计主管：　　　审核：李艳红　　　制证：冯磊　　记账：冯磊

表29　　　　　　　　　　　　　業务22

记 账 凭 证
2014年12月31日　　　　记 字 第 26 号

摘要	会计科目	明细科目	借方金额	贷方科目	记账
			亿千百十万千百十元角分	亿千百十万千百十元角分	
取现备发工资	库存现金		2 7 9 1 0 0 0		附单据1张
	银行存款			2 7 9 1 0 0 0	
	合计		¥2 7 9 1 0 0 0	¥2 7 9 1 0 0 0	

会计主管：　　　审核：李艳红　　　制证：冯磊　　记账：冯磊

表30　　　　　　　　　　　　　業务23

记 账 凭 证
2014年12月31日　　　　记 字 第 27 号

摘要	会计科目	明细科目	借方金额	贷方科目	记账
			亿十百十万千百十元角分	亿千百十万千百十元角分	
结算工资	生产成本	转载机	6 9 7 5 0 0		附单据1张
		传送机	6 9 7 5 0 0		
	制造费用	工资	7 4 1 0 0 0		
	管理费用	工资	7 4 8 0 0 0		
	销售费用	工资	7 0 0 0 0		
	应付职工薪酬	工资		2 9 5 4 0 0 0	
	合计		¥2 9 5 4 0 0 0	¥2 9 5 4 0 0 0	

会计主管：　　　审核：李艳红　　　制证：冯磊　　记账：冯磊

表31   业务24

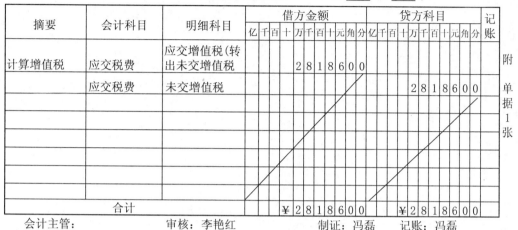

记 账 凭 证
2014年12月31日　　　记　字　第　28　号

摘要	会计科目	明细科目	借方金额（亿千百十万千百十元角分）	贷方金额（亿千百十万千百十元角分）	记账
计算增值税	应交税费	应交增值税(转出未交增值税	2 8 1 8 6 0 0		
	应交税费	未交增值税		2 8 1 8 6 0 0	
	合计		¥2 8 1 8 6 0 0	¥2 8 1 8 6 0 0	

会计主管：　　　　审核：李艳红　　　　制证：冯磊　　　记账：冯磊

附单据1张

表32   业务25

记 账 凭 证
2014年12月24日　　　记　字　第　29　号

摘要	会计科目	明细科目	借方金额（亿千百十万千百十元角分）	贷方金额（亿千百十万千百十元角分）	记账
计算城建税	营业税金及附加		2 8 1 8 5 2		
和教育费附加	应交税费	应交城建税		1 9 7 3 0 2	
	应交税费	应交教育费附加		8 4 5 5 0	
	合计		¥2 8 1 8 5 2	¥2 8 1 8 5 2	

会计主管：　　　　审核：李艳红　　　　制证：冯磊　　　记账：冯磊

附单据1张

表33   业务26

记 账 凭 证
2014年12月31日　　　记　字　第　30　号

摘要	会计科目	明细科目	借方金额（亿千百十万千百十元角分）	贷方金额（亿千百十万千百十元角分）	记账
提取工会经费	管理费用	工会经费	5 9 0 0 0		
	应付职工薪酬	工会经费		5 9 0 0 0	
	合计		¥5 9 0 0 0	¥5 9 0 0 0	

会计主管：　　　　审核：李艳红　　　　制证：冯磊　　　记账：冯磊

附单据1张

表34　　　　　　　　　　　　　　　　　业务27

记 账 凭 证
2014年12月31日　　　记 字 第 31 号

摘要	会计科目	明细科目	借方金额	贷方科目	记账
提取职工教育经费	管理费用	职工教育经费	4 4 3 1 0		
	应付职工薪酬	职工教育经费		4 4 3 1 0	
合计			¥4 4 3 1 0	¥4 4 3 1 0	

会计主管：　　　　　审核：李艳红　　　　制证：冯磊　　记账：冯磊

附单据1张

表35　　　　　　　　　　　　　　　　　业务28(A)

记 账 凭 证
2014年12月31日　　　记 字 第 32 号

摘要	会计科目	明细科目	借方金额	贷方科目	记账
结转收入类账户	主营业务收入		1 3 7 7 4 0 0 0 0 0		
	其他业务收入		1 3 2 6 0 0 0 0		
	投资收益		4 2 2 0 0 0 0		
	营业外收入		4 0 0 0 0 0		
	本年利润			1 3 9 8 8 8 0 0 0 0	
合计			¥1 3 9 8 8 8 0 0 0 0	¥1 3 9 8 8 8 0 0 0 0	

会计主管：　　　　　审核：李艳红　　　　制证：冯磊　　记账：冯磊

附单据1张

表36　　　　　　　　　　　　　　　　　业务28(B)

记 账 凭 证
2014年12月31日　　　记 字 第 33 号

摘要	会计科目	明细科目	借方金额	贷方科目	记账
结转费用类账户	本年利润		1 0 8 1 9 7 6 1 6 2		
	主营业务成本			9 2 6 4 4 0 0 0 0	
	营业税金及附加			3 2 8 1 8 5 2	
	管理费用			8 8 8 5 9 3 1 0	
	销售费用			2 4 8 7 0 0 0 0	
	财务费用			2 6 6 4 5 0 0 0	
	其他业务成本			8 9 0 0 0 0 0	
	营业外支出			2 9 8 0 0 0 0	
合计			¥1 0 8 1 9 7 6 1 6 2	¥1 0 8 1 9 7 6 1 6 2	

会计主管：　　　　　审核：李艳红　　　　制证：冯磊　　记账：冯磊

附单据1张

· 15 ·

表37

业务29(A)

记 账 凭 证
2014年12月31日　　　记　字　第　34　号

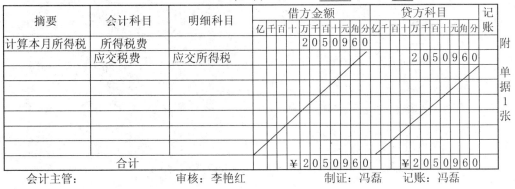

摘要	会计科目	明细科目	借方金额 亿千百十万千百十元角分	贷方科目 亿千百十万千百十元角分	记账
计算本月所得税	所得税费		2 0 5 0 9 6 0		附
	应交税费	应交所得税		2 0 5 0 9 6 0	单
					据
					1
					张
合计			¥ 2 0 5 0 9 6 0	¥ 2 0 5 0 9 6 0	

会计主管：　　　　　审核：李艳红　　　　　制证：冯磊　　记账：冯磊

表38

业务29(B)

记 账 凭 证
2014年12月31日　　　记　字　第　35　号

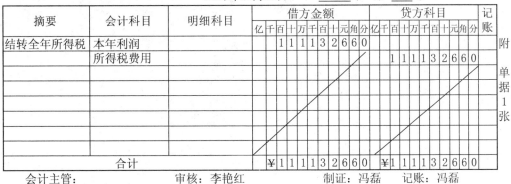

摘要	会计科目	明细科目	借方金额 亿千百十万千百十元角分	贷方科目 亿千百十万千百十元角分	记账
结转全年所得税	本年利润		1 1 1 1 3 2 6 6 0		附
	所得税费用			1 1 1 1 3 2 6 6 0	单
					据
					1
					张
合计			¥ 1 1 1 1 3 2 6 6 0	¥ 1 1 1 1 3 2 6 6 0	

会计主管：　　　　　审核：李艳红　　　　　制证：冯磊　　记账：冯磊

表39

业务30

记 账 凭 证
2014年12月31日　　　记　字　第　36　号

摘要	会计科目	明细科目	借方金额 亿千百十万千百十元角分	贷方科目 亿千百十万千百十元角分	记账
结转本年利润	本年利润		2 0 5 7 7 1 1 7 8		附
	利润分配	未分配利润		2 0 5 7 7 1 1 7 8	单
					据
					1
					张
合计			¥ 2 0 5 7 7 1 1 7 8	¥ 2 0 5 7 7 1 1 7 8	

会计主管：　　　　　审核：李艳红　　　　　制证：冯磊　　记账：冯磊

表40　　　　　　　　　　　　　　业务31

记 账 凭 证

2014年12月31日　　　记 字 第 37 号

摘要	会计科目	明细科目	借方金额											贷方科目											记账
			亿	千	百	十	万	千	百	十	元	角	分	亿	千	百	十	万	千	百	十	元	角	分	
提取盈余公积	利润分配	提取法定盈余公积			2	0	5	7	7	1	1	8													
		提取公益金			1	0	2	8	8	5	5	9													
	盈余公积	提取法定盈余公积														2	0	5	7	7	1	1	8		
		提取公益金														1	0	2	8	8	5	5	9		
	合计		¥	3	0	8	6	5	6	7	7			¥	3	0	8	6	5	6	7	7			

会计主管：　　　　　审核：李艳红　　　　　制证：冯磊　　记账：冯磊

附单据1张

表41　　　　　　　　　　　　　　业务32

记 账 凭 证

2014年12月31日　　　记 字 第 38 号

摘要	会计科目	明细科目	借方金额											贷方科目											记账
			亿	千	百	十	万	千	百	十	元	角	分	亿	千	百	十	万	千	百	十	元	角	分	
结转利润分配	利润分配	未分配利润			3	0	8	6	5	6	7	7													
下的明细科目	利润分配	提取法定盈余公积														2	0	5	7	7	1	1	8		
		提取公益金														1	0	2	8	8	5	5	9		
	合计		¥	3	0	8	6	5	6	7	7			¥	3	0	8	6	5	6	7	7			

会计主管：　　　　　审核：李艳红　　　　　制证：冯磊　　记账：冯磊

附单据1张

三、实训准备

1. 账页

订本账：现金、银行存款日记账各一本；总账一本；三栏式明细账页，数量金额式明细账页，多栏式明细账页各若干页；科目汇总表、资产负债表、利润表各一张。

2. 其他

个人名章、企业公章、企业财务专用章、企业法人名章，以及记账凭证装订封面及封底一套；胶水、印台等。

四、实训指导

请你按以下步骤完成一个该公司12月份简单的会计循环。

（1）根据资料给出的账户余额，开立相应的明细账，并登记期初余额。

（2）根据给出的经济业务和相应的原始凭证、记账凭证登记相应明细账。

（3）月末结出余额。

附：业务所需的原始凭证

长城机械有限责任公司 2014 年 12 月发生业务如表 42 至表 90 所示。

表 42　　　　　　　　　　　业务 1（A）

中国工商银行借款凭证（回单）

单位编号：　　　　　　　日期：2014 年 12 月 1 日　　　　银行编号：0110

借款人	名　称	长城机械有限责任公司					收款人	名　称	长城机械有限责任公司				
	账　号	685088096001						往来账号	145685088096002				
	开户银行	工行张山桥东支行						开户银行	工行张山桥东支行				

借款期限（最后还款日）	2015 年 3 月 31 日	借款计划指标	

借款申请金额	人民币（大写）：贰拾万元整	千	百	十	万	百	十	元	角	分
				¥	2	0	0	0	0	0	0

借款原因及用途	生产经营周转用	银行核对金额	千	百	十	万	百	十	元	角	分
					¥	2	0	0	0	0	0	0

期限	计划还款日期	√	计划还款金额	分次还款记录	期次	还款日期	还款金额	结欠
4								

备注：月利率 6‰，期限 4 个月	上述借款业已同意贷给并转入你单位往来账户借款到期时应按期归还　此致 借款单位 （银行盖章）2014 年 12 月 1 日

18

表 43

业务 1（B）

中国工商银行进账单（收账通知）

2014 年 12 月 1 日 第 43 号

收款人	全　　称	长城机械制造公司	付款人	全　　称	张山市工商银行桥东支行
	账　　号	685088096001		账　　号	68468123405
	开户银行	张山工行桥东支行		开户银行	张山工行营业部

人民币 （大写）	贰拾万元整	千	百	十	万	千	百	十	元	角	分
			￥	2	0	0	0	0	0	0	0

票据种类	借款凭证	
票据张数	1 张	张山市工行桥东支行 2014.12.01 收讫 收款人开户行盖章
单位主管：　　会计： 复　核：　　记账：		

此联是持票人开户行给持票人的收账通知

表 44

业务 2（A）

中国工商银行贷款申请书（第四联）

贷款日期：2014 年 12 月 1 日 第 456485 号

贷款单位全称	长城机械有限责任公司	贷款户账　号	685088096001	存款户账　号	685088096001

贷款金额 （大写）	肆佰万元整	亿	千	百	十	万	千	百	十	元	角	分
			￥	4	0	0	0	0	0	0	0	0

贷款种类	购建设备	年利息率	5%	约定还款日期：2016 年 12 月 1 日	

上列借款已核准发放并转入指定账记户 张家口工商银行桥东支行 致 （银行盖章）	备注

表 45

业务 2（B）

中国工商银行进账单（收账通知）

2014 年 12 月 1 日　　　　　　　第 49 号

收款人	全　　　称	长城机械制造公司	付款人	全　　　称	张山市工商银行桥东支行
	账　　　号	685088096001		账　　　号	68468123405
	开户银行	张山工行桥东支行		开户银行	张山工行营业部

人民币 （大写）	肆佰万元整	千	百	十	万	千	百	十	元	角	分
		¥	4	0	0	0	0	0	0	0	0

票据种类	借款凭证	
票据张数	1 张	张山市工行桥东支行 2014.12.01 收讫 **收款人开户行盖章**
单位主管：　　　会计：		
复　　核：　　　记账：		

此联是持票人开户行给持票人的收账通知

表 46

业务 3（A）

山东省增值税专用发票

开票日期：2014 年 12 月 02 日　　　　　No130062140

购货单位	名　　　称：长城机械有限责任公司 纳税人识别号：1906030011167898 地址、电话：张山市维一路 126 号 开户行及账号：工行东支 685088096001	密码区					

货物或应税劳务名称	规格型号	单位	数量	单价	金额	税率	税额
铝材		吨	2	17500	35000.00	17％	5950.00
合计：			2		35000.00		5950.00

价税合计（大写）	⊗肆万零玖佰伍拾元整　　　（小写）¥40950.00

销货单位	名　　　称：山东铝业有限责任公司 纳税人识别号：370102800317373 地址、电话：山东潍坊 开户行及账号：232901040000313	备注 山东铝业有限责任公司 发票专用章

收款人：　　　　复核：　　　　开票人：宏力　　　　销货单位（章）：

第二联：发票联　购货方记账凭证

表 47

业务 3 （B）

山东省增值税专用发票

开票日期：2014 年 12 月 02 日　　　　　　　　No130062140

购货单位	名　　称：长城机械有限责任公司					密码区		
	纳税人识别号：1906030011167898							
	地址、电话：张山市维一路 126 号							
	开户行及账号：工行东支 685088096001							

货物或应税劳务名称	规格型号	单位	数量	单价	金额	税率	税额
铝材		吨	2	17500	35000.00	17%	5950.00
合计：			2		35000.00		5950.00

价税合计（大写）	⊗肆万零玖佰伍拾元整	（小写）¥40950.00

销货单位	名　　称：山东铝业有限责任公司	备注
	纳税人识别号：370102800317373	
	地址、电话：山东潍坊	
	开户行及账号：232901040000313	

收款人：　　　　复核：　　　　开票人：宏力　　　　销货单位（章）：

第一联：抵扣联　购货方记账凭证

表 48

业务 3 （C）

山东省公路内河货物运输业统一发票

备查号　　　　　　　　　　　　　　　　　　发票代码：237030411102

开票日期 2014 - 12 - 2　　　　　　　　　　发票号码：00007457

机打代码 机打号码 机器编号	237030411102 00007457		税控码		
收货人及纳税人识别号	长城机械有限公司 1906030011167898		承运人及纳税人识别号	联运公司 370102800965337	
发货人及纳税人识别号	东山铝业公司 370102800317373		主管税务机关及代码	237030503	
运输项目及金额	货物名称 铝材	数量 2 吨	运费金额 2000	其他项目及金额	备注（手写无效） 代开单位盖章
运费小计	¥2000.00		其他费用小计		
合计（大写）	贰仟元整		（小写）¥2000.00		
代开单位及代码	地税局 237030503		扣缴税额、税率完税凭证号码		

开票人：丁大力

第二联：发票联　付款访记账凭证

· 21 ·

表 49   业务 3（D）   第 0224 号

托收号码：

中国工商银行托收承付结算凭证（支款凭证）

委托日期：2014 年 12 月 2 日

承付期限	
到期	

收款单位	全 称	山东铝业公司		付款单位	全 称	长城机械有限公司	
	账 号	232901040000313			账号或地址	685088096001	
	开户银行	潍坊农行	行号 35587		开户银行	东山工商桥东支行	

托收金额	人民币（大写）：肆万贰仟玖佰伍拾元整	千	百	十	万	千	百	十	元	角	分
				¥	4	2	9	5	0	0	0

附件	商品发运情况	合同名称号码
附寄单证张数或册数 2 张	已发出	

备注	银行意见 东山农行营业网支行 2014.12.03 （收款单位开户行盖章） 月 日	科目（付）_____ 对方科目（收）_____ 转账 年 月 日 复核员： 记账员：

表 50   业务 4

收 料 单

材料科目：原材料   编号：102
材料类别：原料及主要材料   收料仓库：2 号仓库
供应单位：山东铝业公司   2014 年 12 月 5 日   发票号码：007430

材料编号	材料名称	规格	计量单位	数量		实际价格			
				应收	实收	单价	发票金额	运费	合计
002	铝材		吨	2	2	17500	35000	2000	37000
备注									

采购员：李振江   检验员：王连富   记账员：李海波   保管员：李达

表 51

业务 5（A）

河北省增值税专用发票

开票日期：2014 年 12 月 7 日　　　　　　　Ｎo130062140

购货单位	名　　　称：长城机械有限责任公司 纳税人识别号：1906030011167898 地　址、电话：张山市维一路 126 号 开户行及账号：工行东支 685088096001					密码区		
货物或应税劳务名称	规格型号	单位	数量	单价	金额	税率	税额
办公桌		张	4	300	1200	17％	204
办公椅		把	4	50	200	17％	34
合计：					1400		238
价税合计（大写）　⊗壹仟陆佰叁拾捌元整　　　　（小写）￥1638.00							
销货单位	名　　　称：东方家具城 纳税人识别号：370103002245765 地　址、电话： 开户行及账号：232901040024124					备注		

收款人：　　　　复核：　　　　开票人：王宏　　　　销货单位（章）：

第二联：发票联　购货方记账凭证

表 52

业务 5（B）

河北省增值税专用发票

开票日期：2014 年 12 月 07 日　　　　　　　Ｎo130062140

购货单位	名　　　称：长城机械有限责任公司 纳税人识别号：1906030011167898 地　址、电话：张山市维一路 126 号 开户行及账号：工行东支 685088096001					密码区		
货物或应税劳务名称	规格型号	单位	数量	单价	金额	税率	税额
办公桌		张	4	300	1200	17％	204
办公椅		把	4	50	200	17％	34
合计：					1400		238
价税合计（大写）　⊗壹仟陆佰叁拾捌元整　　　　（小写）￥1638.00							
销货单位	名　　　称：东方家具城 纳税人识别号：370103002245765 地　址、电话： 开户行及账号：232901040024124					备注		

收款人：　　　　复核：　　　　开票人：王宏　　　　销货单位（章）：

第一联：抵扣联　购货方抵扣凭证

· 23 ·

表 53

业务 5（C）

周转材料

入 库 单

字第 6701 号

2014 年 12 月 7 日

单位：元

发货地点					供应单位		东方家具城		备注		
库名	编号	名称	单位	规格	入库			单张据数	实收		
					数量	单价	金额		数量	金额	
		办公桌	张		4	300	1408		4	1408	
		办公椅	把		4	50	234	·	4	234	

会计：刘进东   保管：李达   采购员：李振江   制单：李达

三联送交财务会计

表 54

业务 6（A）

河北省增值税专用发票

此联不作报销、扣税凭证使用

开票日期：2014 年 12 月 8 日

N o130062140

购货单位	名　　　称：凯山煤矿有限公司 纳税人识别号：2709823100431730 地址、电话：太原市 3578661 开户行及账号：工行营业部 2578991102							密码区	
货物或应税劳务名称	规格型号	单位	数量	单价	金额	税率	税额		
刮板输送机		台	2	25000	50000.00	17％	8500.00		
合计：					50000.00		8500.00		
价税合计（大写）　⊗伍万捌仟伍佰元整　　（小写）¥58500.00									
销货单位	名　　　称：长城机械有限责任公司 纳税人识别号：1906030011167898 地址、电话：张山市维一路 126 号 开户行及账号：工行东支 685088096001							备	

收款人：　　　复核：　　　开票人：张力宏　　　销货单位（章）

第二联：抵扣联　购货方抵扣凭证

表 55

业务 6（B）

商业承兑汇票　2

IXIV42476901

签发日期：贰零壹肆年壹拾贰月零捌日　　　　　　　　　　第 105 号

付款方	全　　称	凯山煤矿有限责任公司	收款人	全　　称	长城机械制造公司
	账　　号	2578991102		账　　号	685088096001
	开户银行	工行营业部　行号 1346		开户银行	工行桥东支行　行号 6781

汇票金额	人民币（大写）：伍万捌千伍佰元整	千	百	十	万	千	百	十	元	角	分
				¥	5	8	5	0	0	0	0

汇票到期日	贰零壹伍年零叁月零叁日	交易合同号	18676

本汇票一经本单位承诺，到期日无条件支付票款。 　此致	本汇票请予以承兑与到期日付款利率（年）7.2％。
付款人盖章 （财务专用章） 负责：王梅　经办：刘永 2014 年 12 月 8 日	汇票签发人盖章 （财务专用章） 负责：王梅　经办：刘永 2014 年 12 月 8 日

此联是收款人开户行作借方凭证的随附结算凭证寄付款人开户行作开联收款借人方开户证行的随附结件算凭证寄付款

表 56

业务 6（C）

出 库 通 知 单

2014 年 12 月 08 日　　　　　　　　　　　第 8 号

编号	名称	规格	单位	应发数量	实发数量	单位成本	总　　价								附　注
							十	万	千	百	十	元	角	分	
	刮板输送机		台	2	2	15000	¥	3	0	0	0	0	0	0	
	合计						¥	3	0	0	0	0	0	0	

会计：　　　仓库主管：　　　保管：　　　经手：　　　制单：

附单据　张

表 57

业务 7

中国工商银行
现金支票存根

IV Ⅱ：20496025

科　　目＿＿＿＿＿＿＿＿＿＿

对方科目＿＿＿＿＿＿＿＿＿＿

出票日期 2014 年 12 月 9 日

| 收款人：长城机械制造公司 |
| 金　额：￥3000.00 |
| 用　途：补足备用金 |

| 单位主管： 王海 | 会计： 李海波 |

表 58

业务 8

中国工商银行进账单（收账通知）

2014 年 12 月 11 日　　　　　　　　　　第 233 号

收款人	全　　称	长城机械制造公司	付款人	全　　称	黄河有限责任公司									
	账　　号	685088096001		账　　号	6700800202									
	开户银行	张山工行桥东支行		开户银行	张山工行营业部									
人民币（大写）		叁拾捌万陆仟壹佰元整		千	百	十	万	千	百	十	元	角	分
					￥	3	8	6	1	0	0	0	0
票据种类	银行汇票													
票据张数	1 张			张山市工行桥东支行 2014.12.11										
单位主管：　　会计：复　核：　　记账：				收款人开户行盖章										

此联是持票人开户行给持票人的收账通知

26

表 59　　　　　　　　　　　　　　　　业务 9（A）

河北省增值税专用发票

此联不作报销、扣税凭证使用

开票日期：2014 年 12 月 11 日

购货单位	名　　　称：广州鸿运有限责任公司 纳税人识别号：150011269813457 地 址 、电 话：广州市天河区 开户行及账号：北京路支行 542－17						密码区		
货物或应税劳务名称	规格型号	单位	数量	单价	金额	税率	税额		
刮板输送机		台	2	2500	50000.00	17％	8500.00		
转载机		台	10	3000	30000.00	17％	5100.00		
合计：					80000.00		13600.00		
价税合计（大写）　⊗玖万叁仟陆佰元整　　　（小写）￥93600.00									
销货单位	名　　　称：长城机械有限责任公司 纳税人识别号：1906030011167898 地 址 、电 话：张山市维一路 126 号 开户行及账号：工行东支 685088096001						备 注		

收款人：　　　　复核：　　　　开票人：张力宏　　　　销货单位（章）：

第二联：抵扣联　购货方抵扣凭证

表 60　　　　　　　　　　　　　　　　业务 9（B）

出 库 通 知 单

2014 年 12 月 11 日　　　　　　　　　　　　　　第 8 号

编号	名称	规格	单位	应发数量	实发数量	单位成本	总　　价								附　注
							十万	千	百	十	元	角	分	
	转载机		台	10	10	1800	￥	1	8	0	0	0	0	0	
	刮板输送机		台	2	2	15000	￥	3	0	0	0	0	0	0	
	合计						￥	4	8	0	0	0	0	0	

会计：　　　仓库主管：　　　保管：　　　经手：　　　制单：

附 单据 张

27

表 61

业务 10

中国工商银行
转账支票存根

Ⅳ Ⅱ：20496025

科 目 _____

对方科目 _____

出票日期 2014 年 12 月 15 日

| 收款人：第一建筑公司 |
| 金 额：￥1200000.00 |
| 用 途：支付工程款 |

单位主管：王海　　会计：李海波

表 62

业务 11（A）

中国工商银行信汇凭证（回单）1

汇款单位编号　　　　委托日期：2014 年 12 月 15 日　　　　第 0789209 号

收款单位	全　称	三星机械制造有限公司				汇款单位	全　称	长城机械制造公司							
	账号或住址	515008090016					账号或住址	685088096001							
	汇入地点	江苏省	汇入行名称	东海工行营业部			汇出地点	河北省	汇出行名称	张山工行桥东支行					
金额	人民币（大写）：肆万叁仟伍佰贰拾肆元整					千	百	十	万	千	百	十	元	角	分
								￥	4	3	5	2	4	0	0

汇款用途：设备款

（汇出行盖章）

张山市工行桥东支行
2014 年 12 月 15 日
2014.12.04
收讫

上列款项已根据委托办理，如须查询，请持此回单来行面洽。

单位主管：　　　会计：　　　复核：　　　记账：　　　2014 年 12 月 15 日

表 63

业务 11 (B)

江苏省增值税专用发票

开票日期：2014 年 12 月 15 日

购货单位	名　　　　称：长城机械有限责任公司 纳税人识别号：1906030011167898 地　址、电　话：张山市维一路 126 号 开户行及账号：工行东支 685088096001					密码区		
货物或应税劳务名称	规格型号	单位	数量	单价	金额	税率	税额
线切割机床	DK77160	台	2	18600	37200.00	17％	6324
合计：					37200.00		6324

价税合计（大写）	⊗肆万叁仟伍伯贰拾肆元整　　　　（小写）¥43524.00

销货单位	名　　　　称：三星机械制造有限公司 纳税人识别号：5103626455456546 地　址、电　话：江苏东海市南山路 309 号 开户行及账号：0515 - 27605429　东海工行 5150088096001	备注

收款人：　　　　复核：　　　　开票人：张宏达　　　　销货单位（章）：

表 64

业务 11 (C)

固定资产验收交接单

2014 年 12 月 15 日

金额单位：元

资产编号	资产名称	型号规格或结构面积	计量单位	数量	设备价值或工程造价	设备基础及安装费用	附加费用	合计
	线切割机床	DK77160	台	2	37200			37200
资产来源			耐用年限				1	
制造厂名			估计残值			主要附属设备	2	
制造日期及编号			基本折旧率				3	
工程项目或使用部门			复杂系数				4	

表 65

业务 12 （A）

河北省增值税专用发票

开票日期：2014 年 12 月 19 日

N o130062140

购货单位	名 称： 长城机械有限责任公司 纳税人识别号：1906030011167898 地 址 、电话：张山市维一路 126 号 开户行及账号：工行东支 685088096001				密码区		

货物或应税劳务名称	规格型号	单位	数量	单价	金额	税率	税额
槽帮钢	M15	吨	10	3600	36000.00	17%	6120.00
合计：					36000.00		6120.00

价税合计（大写）	⊗肆万贰仟壹佰贰拾元整	（小写）￥42120.00

销货单位	名 称： 中福机械厂 纳税人识别号：2903067849011123 地 址 、电话：张山东海路 190 号 开户行及账号：张山工商银行东海办事处	备注

收款人： 复核： 开票人：宏达 销货单位（章）：

第二联： 发票联 购货方记账凭证

表 66

业务 12 （B）

河北省增值税专用发票

开票日期：2014 年 12 月 19 日

N o130062140

购货单位	名 称： 长城机械有限责任公司 纳税人识别号：1906030011167898 地 址 、电话：张山市维一路 126 号 开户行及账号：工行东支 685088096001				密码区		

货物或应税劳务名称	规格型号	单位	数量	单价	金额	税率	税额
槽帮钢	M15	吨	10	3600	36000.00	17%	6120.00
合计：					36000.00		6120.00

价税合计（大写）	⊗肆万贰仟壹佰贰拾元整	（小写）￥42120.00

销货单位	名 称： 中福机械厂 纳税人识别号：2903067849011123 地 址 、电话：张山东海路 190 号 开户行及账号：张山工商银行东海办事处	备注

收款人： 复核： 开票人：宏达 销货单位（章）：

第二联： 抵扣联 购货方抵扣凭证

表 67 业务 12 （C）
收 料 单

材料科目：原材料　　　　　　　　　　　　　　　　　　　　　　　　　　　　编号：103

材料类别：原料及主要材料　　　　　　　　　　　　　　　　　　　　　　收料仓库：2 号仓库

供应单位：中福机械厂　　　　　　　2014 年 12 月 19 日　　　　　发票号码：007430

材料编号	材料名称	规格	计量单位	数量		实际价格			
				应收	实收	单价	发票金额	运费	合计
042	槽帮钢	M15	吨	10	10	3600	36000	0	36000
备注									

采购员：李振江　　　　检验员：王连富　　　　记账员：李海波　　　　保管员：李达

表 68 业务 13

中国工商银行
转账支票存根

IV Ⅱ：20496025

科　目＿＿＿＿＿＿＿＿＿

对方科目＿＿＿＿＿＿＿

出票日期 2014 年 12 月 20 日

收款人：中福机械厂
金　额：￥42120.00
用　途：支付货款

单位主管：王海　　　会计：李海波

表 69

业务 13（A）
张山市电视台收款收据
2014 年 12 月 22 日

交款人	长城机械有限责任公司	交款方式		支票							
栏目	广告天地	内容		刨煤机广告费							
时间要求	2014 年 12 月 10 日～20 日，每天中、晚各一次			金额							
金额（大写）捌仟元整			十万	万	千	百	十	元	角	分	
				¥	8	0	0	0	0	0	0

第二联 发票

单位盖章　　　　　　　　　　营业员：李娜

表 70

业务 14（B）

中国工商银行
转账支票存根
IV Ⅱ：20496025
科　　目 _____
对方科目 _____

出票日期 2014 年 12 月 22 日

收款人：张山市电视台
金　　额：¥ 8000.00
用　　途：刨煤机广告费
单位主管 王海 　 会计：李海波

表 71

业务 15（A）
河北省行政事业单位收费收据

交款单位：长城机械有限责任公司	收款方式：支票
交款金额：人民币（大写）：叁仟元整	¥ 3000.00 元
收款事由： 职工培训费	
	日期：2014 年 12 月 22 日

第一联 收据

单位盖章　　财会主管：　　记账：　　出纳：　　复核：　　经办：刘红

32

表 72   业务 15 （B)

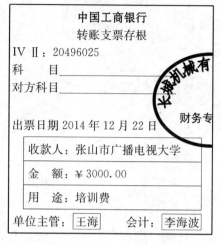

中国工商银行
转账支票存根

Ⅳ Ⅱ：20496025

科　　目＿＿＿＿＿＿＿＿

对方科目＿＿＿＿＿＿＿＿

出票日期 2014 年 12 月 22 日

| 收款人：张山市广播电视大学 |
| 金　　额：￥3000.00 |
| 用　　途：培训费 |

| 单位主管：王海 | 会计：李海波 |

表 73   业务 16 （A)

中国工商银行进账单（回单）1
2014 年 12 月 23 日   第 6724 号

付款人	全　　称	广州鸿达有限责任公司		收款人	全　　称	长城机械有限责任公司							
	账　　号	216853647012			账　　号	685088096001							
	开户银行	广州工行天河支行			开户银行	张山市工商银行桥东支行							

人民币（大写）	柒万零贰佰元整	千	百	十	万	千	百	十	元	角	分
				￥	7	0	2	0	0	0	0

票据种类	银行汇票	
票据张数	1	张山市工行桥东支行 2014.12.23 收　讫
单位主管　　会计 复　核　　记账		收款单位开户行盖单

此联是收款人开户银行给收款人的回单

表 74　　　　　　　　　　　　业务 16（B）

河北省增值税专用发票　　　　　　　　N o130062140

此联不作报销、扣税凭证使用

开票日期：2014 年 12 月 23 日

购货单位	名　　　　称：鸿运有限责任公司 纳税人识别号：150534871306411 地 址 、电 话：张山市 开户行及账号：建行西支 532－12					密码区		
货物或应税劳务名称	规格型号	单位	数量	单价	金额	税率	税额
转载机		台	20	3000	60000.00	17％	10200.00
合计：					60000.00		10200.00

价税合计（大写）　⊗柒万零贰佰元整　　　（小写）￥70200.00

销货单位	名　　　　称：长城机械有限责任公司 纳税人识别号：1906030011167898 地 址 、电 话：张山市维一路 126 号 开户行及账号：工行东支 685088096001	备注

收款人：　　　　复核：　　　　开票人：张力宏　　　　销货单位（章）：

第三联：记账联　销货方记账凭证

表 75　　　　　　　　　　　　业务 16（C）

出 库 通 知 单

2014 年 12 月 24 日　　　　　　　　　　第 8 号

编号	名称	规格	单位	应发数量	实发数量	单位成本	总　价								附注
							十	万	千	百	十	元	角	分	
	转载机		台	20	20	1800	￥	3	6	0	0	0	0	0	
	合计						￥	3	6	0	0	0	0	0	

会计：　　　仓库主管：　　　保管：　　　经手：　　　制单：

附单据张

表 76

河北省增值税专用发票　　　　　　No130062140

此联不作报销、扣税凭证使用

开票日期：2014 年 12 月 24 日

<table>
<tr><td rowspan="4">购货单位</td><td>名　　　称：华茂有限责任公司</td><td rowspan="4">密码区</td></tr>
<tr><td>纳税人识别号：151448039672217</td></tr>
<tr><td>地　址、电　话：广东顺德市</td></tr>
<tr><td>开户行及账号：顺德支行 465－1</td></tr>
</table>

货物或应税劳务名称	规格型号	单位	数量	单价	金额	税率	税额
转载机		台	28	3000	84000.00	17％	14280.00
合计：					84000.00		14280.00

价税合计（大写）　⊗玖万捌仟贰佰捌十元整　　　（小写）￥98280.00

<table>
<tr><td rowspan="4">销货单位</td><td>名　　　称：长城机械有限责任公司</td><td rowspan="4">备注</td></tr>
<tr><td>纳税人识别号：1906030011167898</td></tr>
<tr><td>地　址、电　话：张山市维一路 126 号</td></tr>
<tr><td>开户行及账号：工行东支 685088096001</td></tr>
</table>

收款人：　　　复核：　　　开票人：张力宏　　　销货单位（章）：

第三联：记账联　销货方记账凭证

表 77　　　　　　　　　　业务 17 （B）

商业承兑汇票

2014 年 12 月 24 日　　　　　　X10636354

<table>
<tr><td rowspan="3">付款人</td><td>全　称</td><td>华茂有限责任公司</td><td rowspan="3">收款人</td><td>全　称</td><td colspan="2">长城机械有限责任公司</td></tr>
<tr><td>账　号</td><td>465123458</td><td>账　号</td><td colspan="2">685088096001</td></tr>
<tr><td>开户银行</td><td>广东农行顺德支行</td><td>开户银行</td><td>张山工行桥东支行</td><td>行号</td></tr>
</table>

汇票金额	人民币（大写）：玖万捌仟贰佰捌拾元整	千	百	十	万	千	百	十	元	角	分
				￥9	8	2	8	0	0	0	0

汇票日期	2015 年 3 月 24 日	交易合同号码	32

本汇票已经本单位承兑，到期日无条件支付票款。

收款人

付款人（盖章）

2014 年 12 月 24 日

汇款签发人（盖章）

负责　　经办

此联是收款人开户行随结算凭证寄付款人开户行　作为付出传票附件

- 35 -

表 78

业务 17 (C)

出 库 通 知 单

2014 年 12 月 24 日   第 8 号

编号	名称	规格	单位	应发数量	实发数量	单位成本	总 价								附 注
							十	万	千	百	十	元	角	分	
	转载机		台	28	28	1800	¥	5	0	4	0	0	0	0	商业汇票结算
	合计						¥	5	0	4	0	0	0	0	

会计：   仓库主管：   保管：   经手：   制单：

附单据　　张

表 79

业务 18

中国工商银行进账单（回单）1

2014 年 12 月 25 日   第 8624 号

付款人	全　称	东山有限责任公司	收款人	全　称	长城机械有限责任公司									
	账　号	685364701221		账　号	685088096001									
	开户银行	张山工行东山支行		开户银行	张山市工商银行桥东支行									
人民币（大写）	肆仟伍佰元整			千	百	十	万	千	百	十	元	角	分
							¥	4	5	0	0	0	0
票据种类	转账支票												
票据张数	1			张山市工行桥东支行 2014.12.25 收讫									
单位主管　会计复核　记账				收款单位开户行盖单									

此联是收款人开户银行给收款人的回单

表 80

业务 19 (A)

中国财产保险公司

保险费收款收据

2014 年 12 月 25 日

交款人	长城机械有限责任公司	付款方式	支票
交款事由	2015 年度汽车保险费	保险单号	86765
金额（大写）	叁仟零捌拾元整	¥3080.00	
	2014 年 12 月 25 日		

会计主管：   记账：   审核：   出纳：   经办：刘红

第二联　收据

36

表 81

业务 19（B）

中国工商银行

转账支票存根

IVⅡ：20496025

科　　目＿＿＿＿＿＿＿＿

对方科目＿＿＿＿＿＿＿＿

出票日期 2014 年 12 月 25 日

| 收款人：中国财保张山分公司 |
| 金　　额：￥3080.00 |
| 用　　途：支付保险费 |

| 单位主管：王海 | 会计：李海波 |

表 82

业务 20

中国工商银行<u>进账单</u>（收账通知）

2014 年 12 月 31 日　　　　　第 354 号

付款人	全　　称	长城机械有限责任公司	收款人	全　　称	利达五金电器商行
	账　　号	685088096001		账　　号	68468123405
	开户银行	张山工行桥东支行		开户银行	张山工行营业部

人民币（大写）	叁仟元整	千	百	十	万	千	百	十	元	角	分
						￥	3	0	0	0	0	0

票据种类	转账支票 112	张山市工行桥东支行
票据张数	1 张	2014.12.31
单位主管：　　会计：		收讫
复　核：　　记账：		收款人开户行盖单

表 83

业务 21

中国工商银行借款计息通知（付款通知）3

签发日期：2014 年 12 月 31 日

付款人	全称	长城机械有限责任公司		收款人	全称	市工商银行桥西											
	账号	685088096001			账号	6578999999											
	开户银行	张山工行桥东支行			开户银行	张山工行桥西支行		行号									

金额	人民币（大写）柒仟贰佰伍拾元整	千	百	十	万	千	百	十	元	角	分
					¥	7	2	5	0	0	0

结息期	10～12 月结息	计息积数		利率	

备注：10 月和 11 月已预提利息 5800 元

张山市工行桥东支行
2014.12.31
付 讫

表 84

业务 22

中国工商银行

现金支票存根

IV Ⅱ：20496025

科　　目＿＿＿＿＿＿＿＿

对方科目＿＿＿＿＿＿＿＿

出票日期 2014 年 12 月 31 日

收款人：长城机械有限责任公司
金　额：¥27910.00
用　途：提现备发工资

单位主管：王海　会计：李海波

表 85

业务 23

工资费用分配汇总表

2014 年 12 月 31 日

车间及部门		应分配工资额（元）				备注
		基本工资	各项津贴	奖金	合计	
基本生产车间	转载机生产工人	6000	475	500	6975	
	传送机生产工人	6000	475	500	6975	
	车间管理人员	1520	100	150	1770	
辅助生产车间	机修车间	5000		640	5640	
管理部门		6500		300	6800	
医务福利人员		600		80	680	
销售机构		580		120	700	
合　计		26200	1050	2290	29540	

复核：　　　　　　　制表：

表 86

业务 24

应交增值税计算表

2014 年 12 月

当期销项税额	当期进项税额	当期进项税额转出	已交税金	应交增值税
46580	18394			28186

制表：　　　　　　　审核：

表 87

业务 25

应交城建税及教育费附加计算表

2014 年 12 月

税种	计税依据				税率	应纳税金额
	增值税	营业税	消费税	合计		
城建税	28186			28186	7％	1973.02
教育费附加	28186			28186	3％	845.5
合　计						2818.52

制表：　　　　　　　审核：

表 88

业务 26

工会经费计算表

2014 年 12 月 31 日

月份	工资总额	提取率	应提工会经费额
12	29540	2%	590

复核： 制表：

表 89

业务 27

职工教育经费计算表

2014 年 12 月 31 日

月份	工资总额	提取率	应提工会经费额
12	29540	1.5%	443.1

复核： 制表：

业务 28

将所有损益类账户余额结转到本年利润中。

业务 29

计算并结转本月应缴纳所得税。

业务 30

将本年利润账户余额结转到利润分配中。

表 90

业务 31

盈余公积计算表

2014 年 12 月 31 日

全年税后净利润	法定盈余公积10%	公益金5%	合计
2057711.78	205771.18	102885.59	308656.77

复核： 制表：

业务 32

将利润分配各明细发生额结转至"利润分配——未分配利润"

ISBN 978-7-5047-5704-3

ISBN978-7-5047-5704-3

9 787504 757043 >

定价: 21.00元